新装版
翻訳英文法
訳し方のルール

安西徹雄

はしがき

　最近，翻訳を勉強したいという人々が，非常にふえているようだ。翻訳の理念や技術を説いた書物は，おびただしく店頭に並んでいるし，各種の翻訳スクールが開講されて，どこも相当の盛況を呈している。実は私自身も，日本翻訳家養成センターのバベル翻訳学院に何年か前から呼ばれて，翻訳家志願の人たちといっしょに勉強しているのだけれども，そこでいつも悩んでいたことが一つあった。翻訳のノウハウを伝えるのに，適当なシステム，組織化の方法がなかなか見つからないということである。

　翻訳という作業は，とにかく非常にこみいった，複合的なプロセスである。いろいろのレヴェルの判断を同時にくだし，総合的，多角的に処理してゆかなければならない。要するに，出たとこ勝負的な要素が非常に多い。だから，誰かに翻訳のコツを教えるなどというオコがましいことを始めてみると，どこからどう手をつけていいものやら，途方に暮れてしまわざるをえない。結局のところ，徒弟制度的な実地訓練で，つまりは見よう見まね，経験とカンでわかってもらうより仕方がないということになる。なるほど，ある程度は一般的な原則のようなものを立てることもできなくはない。しかしそうした原則と実地の作業とが，なかなか結びつかないというまどろこしさがどうし

ても残る。なんとか翻訳のノウハウを，もう少し効果的に組織化する方法はないものか。しっかりしたシステムを持ちながら，しかも実地の作業に的確に役立つ整理の仕方はないものか。

実はこの本のアイディアは，この組織化に，伝統的な英文法の枠組みを利用してみようということなのである。つまり，名詞，代名詞，動詞(時制，法，態)，あるいは話法といった項目に従って，それぞれ，例えば名詞なら名詞を訳す時，翻訳上気をつけるべき点としてどういった問題があるかを，名詞の項目にまとめてみようというのである。こうすれば，あくまでも英語そのものに密着しながら，しかも，翻訳上のノウハウを明確に体系化し，いつでも必要に応じて参照することもできるのではないか。

この着想は，まことに秀抜なものだと思うが，実は私自身の考えついたものではない。雑誌『翻訳の世界』の編集長，杉浦洋一氏の原案である。このアイディアにのっとって，1980年の2月号から，17回にわたって同誌に書かせていただいた連載が，本書の骨子をなしている。けれども今回，単行本の形にまとめるにあたって，全面的に加筆し，改訂して，所によっては，一章全体を新しく加えた個所もいくつかあるし，また，1981年の11月号から5回，「演習篇」と題して，同じく『翻訳の世界』に載せた練習問題も付け加えた。

いずれにしても，しかし，この種の翻訳論は本書が初めての試みなので，不備な点は，当然のことながら多々あるにちがいない。けれども，ともかくこの小さな本が，翻訳の勉強を始め

ようとする人たちに，多少なりとも参考になることを願っている。

　本書の生みの親である杉浦氏をはじめ，連載の時からいろいろお世話になった『翻訳の世界』編集部の方々に，末筆ながら，心からお礼を申し述べて筆をおきたい。

　1982年2月

　　　　　　　　　　　　　　　　　　　　　　　安　西　徹　雄

目次

【はしがき】—— 3

序章　　　　　　　語順の問題そのほか—— 12
§1　　　　　　　【原文の思考の流れを乱すな】— 12
§2　　　　　　　【文体の問題】—— 17
§3　　　　　　　【文法のテキスト】—— 18

I　　　　　所有格を考える＝名詞(1)—— 20
§4A　　　　　【主語を表わす所有格】—— 20
§4B　　　　　【代名詞の所有格】—— 23
§4C　　　　　【動名詞の意味上の主語】—— 24
§4D　　　　　【of＋名詞(主格関係)】—— 24
§5A　　　　　【「目的格関係」を表わす所有格】—— 25
§5B　　　　　【of＋名詞(目的格関係)】—— 26

II	「核文」と「変形」＝名詞（2）	31
§6	【所有格構文の意味構造】	31
§7	【「核文」と「変形」】	33
§8	【翻訳のプロセスと「核文」】	35
III	「無生物主語」その他＝名詞（3）	40
§9	【無生物主語】	40
§9A	【動詞が内包されている場合】	41
§9B	【動詞を補ってやるべき場合】	43
§9C	【仮定法がふくまれている場合】	46
§10	【「形容詞＋動作者（名詞）」の表現】	47
IV	演習（1）＝名詞	51
V	代名詞は切れ＝代名詞（1）	59
§11	【人称代名詞】	59
§12	【名詞の反復を避けるための that, etc.】	63
VI	演習（2）＝人称代名詞	69
VII	関係代名詞をどうするか＝代名詞（2）	78
§13	【接続詞を補う】	79
§14	【いったん切る】	82
VIII	関係代名詞をどうするか（続）＝代名詞（3）	88
§15	【分解する】	88
§16	【解体する】	91
IX	演習（3）＝関係代名詞	97

| X | 述語的に訳すべき場合 = 形容詞・副詞（1）- 106 |

- § 17A 【No】— 106
- § 17B 【Many, Few】— 107
- § 17C 【Much, Little】— 109
- § 17D 【Some】— 110
- § 18 【文修飾の副詞】— 111

| XI | 副詞に訳したほうがよい形容詞 = 形容詞・副詞（2）- 116 |

- § 19A 【a little reflection の型】— 116
- § 19B 【All, Every, Each, Both】— 117
- § 19C 【その他，一般の形容詞】— 121
- § 19D 【転移形容詞】— 122

| XII | 比較の表現 = 形容詞・副詞（3）— 126 |

- § 20A 【普通の比較級・最上級】— 127
- § 20B 【否定のからんでいる場合】— 131
- § 20C 【as...as の構文】— 133

●

| XIII | 時制について = 動詞（1）— 137 |

- § 21A 【現在形】— 138
- § 21B 【現在完了の代用として】— 139
- § 21C 【「歴史的現在」】— 141
- § 22 【進行形】— 143
- § 23 【時の一致】— 144

| XIV | 受動態をどう処理するか = 動詞(2) | 148 |

§24　【実例研究】——149
§25　【三つの対応策(1)—能動で訳す】——152
§26　【三つの対応策(2)—受身のまま】——154
§27　【三つの対応策(3)—翻訳調を生かす】——156

XV　受動態をどう処理するか(続) = 動詞(3)——158

§25′A　【能動で訳す(1)—自動詞を使って】——158
§25′B　【能動で訳す(2)—「は」を活用して】——159
§25′C　【能動で訳す(3)—主語と動作主を入れかえて】——160
§26′A　【受身のまま(1)】——161
§26′B　【受身のまま(2)】——162
§27′　【翻訳調を生かす】——162
§28　【応用問題】——164

XVI　演習(4) = 受動態——169

●

XVII　仮定法の問題点 = 動詞(4)——181

§29　【主語に仮定がふくまれている場合】——181
§30　【副詞(句)に仮定がふくまれている場合】——183
§31　【Otherwise】——184
§32　【発想を転換する】——186

●
●

XVIII	直接話法を生かす＝話法(1)	190
§33	【実例の検討】	190
§34	【直接話法を生かす】	192
§35	【混合話法・描出話法】	193
XIX	直接話法を掘り起こす＝話法(2)	200
§36	【直接話法を掘り起こす】	200
§37	【名詞(句・節)に応用してみる】	204
§38	【直接話法の問題点】	206
XX	演習(5)＝話法	210
XXI	強調構文その他＝接続詞の問題点もふくめて	219
§39	【強調構文】	219
§40	【省略・共通構文】	221
§41A	【Till(Until)】	222
§41B	【Before】	223
§41C	【As】	224
§41D	【Except】	225
終章	何よりも大切なこと，三つ	229
§42	【英語を知ること】	229
§43	【日本語を習うこと】	230
§44	【翻訳という仕事を愛すること】	232
	【索引】	234

【翻訳英文法】

序章―語順の問題そのほか

【§1―原文の思考の流れを乱すな】　文法の枠組に入る前に，まず，すべての前提となる点をいくつか最初に書いておきたい。その第一は，原文の思考の流れを乱すなということ――つまり，もっと具体的にいえば，原文で単語や句の並んでいる順序をできるだけ変えないで，**頭から順に訳しおろしてゆくように心がける**ということである。

　もちろん，英語と日本語では，文の構成の仕方が根本的にちがうから，英文解釈の原則そのままに訳してゆけば，当然，原文の単語や句の順序を大いに乱して，うしろから前へ逆に訳し戻すという結果になってしまう。けれどもこうしたやり方では，非常に具合の悪いことがいくつも出てくる。抽象的な説明よりも，とにかくまず例文を訳してみよう。

[1]Mishima Yukio used to be fond of saying that Japan and the United States should have another war. [2]It took a war to make Americans interested in Japan, he said, and if there were signs that the interest was lagging, then the time had come for another war.

[3]He said it jokingly, of course, but there was truth in the part of the statement that gave the war credit for arousing American interest in Japan. [4]A great many Americans who had never paid much attention to Japan, and probably would

have gone through life ignorant of and uninterested in Japan, were required to take notice when the war came.

　サイデンステッカー教授の、『日本と私』の冒頭の部分である。これを英文解釈流に直訳すれば、いったいどんな困ったことが出てくるか。全体を一度に扱ったのではややこしくなりそうだから、一つ一つ区切って検討してみることにしよう。

1—Mishima Yukio used to be fond of saying that Japan and the United states should have another war.

　英文解釈流に直訳すれば、こんなことになるだろうか。
　〈三島由紀夫はかつて、日本とアメリカはもう一つの戦争をすべきだと語ることを大いに好んでいた。〉
　原文ではまず、「三島由紀夫は好んで語っていた」という意味の塊が来る。読者は当然、「ほう、どんなことを言っていたのだろう。三島のことだから、なにか逆説的な、痛烈なことなんだろうな」と期待する。そこで次に、「日本とアメリカはもう一度戦争をすべきだ」という、人をギクリとさせるような言葉がくる。そこで読者は、「なるほど、いかにも三島らしいな」と、先程の期待が満たされ、「しかし、それにしても、何故？」と、次の文章へ期待をさらにそそられる。と、はたして次の文章の冒頭には、前の文章の"another war"に接続して、"It took a war..."とつづいている。つまりこの「戦争」という一句を連結器にして、第一の文章から第二の文章へと、思考の流れはスムーズに、しかもダイナミックに受け渡されてゆくのである。

さて,そこで,もう一度,先程の「直訳」の例を改めて読み直してみていただきたい。今説明したような,文章の背後にある思考の流れ,そのリズムなど,つまりは著者サイデンステッカー教授の技巧などは,跡方もなく消えうせてしまっている。まさに平板そのものだ。私なら,ここはこう「翻訳」してみたい。

〈三島由紀夫が,生前,好んで語っていたことがある。日本とアメリカは,もう一度戦争すべきだ。〉

2—It took a war to make Americans interested in Japan, he said, and if there were signs that the interest was lagging, then the time had come for another war.

ここの所でも,今も説明した理由で,英文解釈流に,まず「アメリカ人に日本に興味を持たせる……」で始めたくはない。ともかく「戦争」を原文どおり頭に出して――

〈戦争があって,はじめてアメリカ人は日本に興味を持ち始めた。〉

これならば,「戦争」をクサビにして,第一の文章と第二の文章とがうまく繋がる。以下,こまかい説明は抜きにして,私の試訳だけを挙げると――

〈ところが今,その興味がおとろえている兆候が見えるとすれば,もう一度戦争すべき時期が来ているのではないか,というのである。〉

3—He said it jokingly, of course, but there was truth in the part of the statement that gave the war credit for arousing American interest in Japan.

〈もちろん冗談で言ったのだが,三島の説にも一半の真理はある。殊に,戦争のおかげでアメリカ人が日本に興味を持った,という点は当たっている。〉

ここの所では,特に後半の,"that gave the war…"の関係代名詞節の扱いに注意していただきたい。かりにこれを直訳すれば——

〈この言明のうち,アメリカの日本への興味を起こしたという点で戦争をほめている部分〉

といったことになるだろうが,これではもう,リズムとか技巧とかいうより前に,まずもって,日本語として意味がまともに通じるかどうかさえ怪しくなってくるだろう。

この点は,次の文章になるといっそう露骨になってくる。

4—A great many Americans who had never paid much attention to Japan, and probably would have gone through life ignorant of and uninterested in Japan, were required to take notice when the war came.

試みに,**a** 直訳と,**b** 翻訳(あくまで私の試訳だけれども)を並べてみよう。

a—〈日本には大した注意は一度も払ったことがなく,おそらく日本については無知で興味のないまま生涯を過ごしていたであろう非常に多くのアメリカ人は,戦争が来た時,注意せざるをえなくなった。〉

b—〈大部分のアメリカ人は,日本のことなど大して注意を払ったこともなく,そしておそらくは,日本のことなど何も知

らず，興味もないまま生涯を終っていたにちがいない。ところがそういうアメリカ人も，戦争となってみると，いやでも日本に注目せざるをえなくなったのである。〉

　両方を読みくらべてみていただければ，原文の思考の流れにできる限り忠実に従うということがいかに大事か，おのずから納得していただけるにちがいない。**a**では，長い長い修飾句が終って，ようやく主語(「……のアメリカ人」)が顔を出すまで，読者はいわば意味の無重力状態に宙づりになったまま，息をとめて待っていなければならない。いわゆる翻訳調のわかりにくさ，ぎこちなさの最大の原因となっているのは，まさにこの点の配慮のなさであることがきわめて多い。原文の構造に忠実であっても，原文の思考の流れには忠実ではなく，さらにはまた，日本語本来の文章の構成法にも忠実ではないからである。

　さて，この節で書いたことを，ここで一応**まとめておこう**。

　日本語の表現として自立できる訳文を得ようと思えば，その大前提として——

　(1)原文の思考の流れにできるだけ忠実に従うように工夫するべきである。そのためには，

　(2)原文の形式的な構造をなぞるのではなく，一度これを解体して，形式の背後にある思考の流れをよく読み取り，この流れを

　(3)日本語本来の構造に移しかえて再構成しなければならない。

【§2―文体の問題】　前節で，原文の作者の技巧という問題にちょっと触れたし，またまとめでは，「日本語の表現として自立できる訳文」とも書いた。しかし，もしそうした問題に触れるのなら，当然，文体の問題が出てくるはずである。

　文体のない文章というものはない。物には，単に形ばかりではなく，かならず色があるように，あるいは人の話には，字義的な意味内容ばかりではなく，かならず声音というものがあるように，文章には，いわばその地色として，文体というものがある。翻訳が，ただ英文解釈流に，原文の抽象的な意味内容を，いわばただヨコのものをタテに置き直すだけのものではなく，原文の表現性とでもいうべきものをトータルに再創造し，かつ日本語の表現として自立性を獲得しなければならぬとすれば，当然，原文の文体にたいする配慮，訳文の文体にたいする配慮を抜きにすることはできない。ある意味では，文体の問題は翻訳のアルファであり，かつまたオメガだということさえできるかもしれない。

　けれども本書では，結論を先に言ってしまえば，文体の問題は，原則としては取りあげないことにする。理由はいろいろあるけれども，最大の理由はこうだ。文体を論ずるには，ある特定の作家，ある特定のジャンル，ある特定の時代，あるいはまた，ある特定の翻訳の発表される特定の目的などを，十分に，複合的に考慮して，総合的に判断しなければならない。けれども本書が目的としているのは，そういう問題に入る前の段階として，短い例文を素材にしながら，英文直訳式のやり方から，

もっと日本語の構造や発想に忠実な翻訳へとオリエンテーションを試みる，そのプロセスの基本的なノウハウを，英文法の枠組を使って，できるだけ具体的，個別的に説明することなのである。

　もちろん，厳密にいうなら，この段階であっても，文体の問題をまったく無視してしまうことはできない。早い話が，本書で私の挙げる訳例自体，できるだけ標準的な，いわば無色な文体を取っているが，それすら「無色」という，いわばマイナスの文体を持っているわけだ。けれども，一冊の本で，翻訳のあらゆる面をカバーすることなど望むべくもないこともまた，やはり事実だろう。この本は，あくまで今も説明した目的のための書物であって，そこへ中途半端にほかの問題を持ちこめば，かえって虻蜂取らずに終ってしまうおそれがある。要するに本書は，あくまで基本技の訓練のためのドリルであって，いざ実戦となれば，このほかに，単に文体の問題ばかりではなく，実にさまざまの問題が入ってくるということを，まず最初に念のためにお断りしておかなくてはならない。

【§3—文法のテキスト】さて次の章からは，いよいよ実際に翻訳のノウハウを，英文法の枠組に従って検討してゆきたいと思うが，やはり特定の文法書をテキストとして決めておいたほうが，何かと便利ではないかと思う。そこで，次の書物をわれわれの共通の台本ということにしておきたい。

　江川泰一郎『英文法解説』(改訂新版，金子書房)

英文法というと，私などもそうだったが，学校時代，誰しもひどく退屈させられた記憶があるのではないかと思う。けれども，今になって思いなおしてみると，中学や高校時代，英文法が面白くないと感じたのは，まだロクに英語の知識がなかったからだったのではあるまいか。ある程度英語の知識が身についてから，特に，翻訳などを始めようという時になって，改めて英文法書を読み直してみると，実は非常に面白いことを再発見するものだし，大いに勉強にもなる。そして，そういう目的で読み返すには，江川さんのこの本は，非常にいい本だと思う。私自身，大学時代に読んで大変参考になった。よく読まれた文法書でもあって，私が大学時代に読んだ旧版も，昭和28年に初版，30年ですでに11版を重ねていた。39年に改訂新版が出て，54年までに実に53版に達している。学校文法の枠を一歩踏み越えて，かなり突っこんだ記述も随所に見られるし，日本語との比較などにも注意がはらわれている。できれば手許に備えていただいて，英文法も復習しながら，この本におつきあいいただければ幸いである。

　さて，そこで本書では，以下，江川さんの文法から借用した例文には＊印をつけて出所を示すことにしたい。快く借用をお許し下さった江川教授と金子書房に，改めてここでお礼を申しのべておきたい。

　前置きが長くなってしまったけれども，さて，いよいよ次の第Ⅰ章から，実地に練習を始めることにしよう。

I. 所有格を考える——名詞(1)

　英文法の本を見ると，たいてい第1章はまず名詞。そして名詞の種類，用法から始まって，抽象名詞の普通名詞化とか，固有名詞の普通名詞化などという現象が説明してある。そして例えば，"She is a beauty." とか，"He is the Newton of the age." だとかいう例文が挙げてある。けれどもこういう種類のことは，いやしくも翻訳を志そうというほどの人ならば，当然知っているべきこととして，ここでは取りあげない。ここで取りあげるのは，あくまでも翻訳上，多少の注意を必要とする問題だけである。名詞について，こうした意味でまず取りあげなければならぬのは，やはり所有格の問題だろう。

【§4A－主語を表わす所有格】　例えば次の文章を見ていただきたい。

> 1─**The dog's attempts** to climb the tree after the cat came to nothing.*

直訳すれば，ほぼ次のようなことになるだろうか。
　〈猫を追って木に登ろうとする犬の試みは無に帰した。〉
私ならこう訳したい。
　〈犬は，猫の後を追いかけて何度も木に登ろうとしたけれど

も，無駄だった。〉

　この「直訳」から「翻訳」へ，発想の切りかえのポイントはどこにあるかといえば，それがつまり，"dog's"という所有格の読み方であるわけだ。この所有格は，別に「所有」を表わしているわけではない。実は"attempts"の意味上の主語を表わしている。だからこの英文は，次のような文章を圧縮したものと考えることもできる。

> **The dog attempted** to climb the tree after the cat, but the attempts came to nothing.

　少なくとも訳す時には，一度まずこう読みほどいてから訳すのがよい。

　ちなみに"attemps"という複数形について，ひとこと付け加えておきたい。日本語では，文法上の「数」の観念は事実上ないに等しいから，英語の複数を無理に訳文に持ちこもうとすると，訳文に無用の負担をかけることになる場合が多い。例えば今の場合なら，「木に登ろうとする犬の何度もの試み」というようなことになって，訳文のぎこちなさを確実に倍増させることになってしまう。大抵は無視してさしつかえないだろう。しかし，上の訳文の「何度も木に登ろうとした」のように，発想を転換して，別の形で実質的に原文の複数形を日本語に移すこともできる。そのためにも，名詞をそのまま名詞に訳すのではなく，"The dog attempted to climb."というように，文章の形に読みほどいてやることが有効だ。そうすれば，原文の複数形を，副詞を

使って移し変えることもできるからである。

　この「主格関係」を表わす所有格については，江川さんの『英文法解説』では 14 ページ，§10 B に説明してある。江川さんの挙げている例文を借用して，この点をもう少し練習しておこう。

2—The teacher's absence provided a good opportunity for the pupils to get into mischief.*

「先生の不在が……」では訳にならない。まず，"**The teacher was absent,** and that provided a good opportunity..." と読みほどく。それから訳に取りかかれば，自然に相応の訳文が出てくるはずだ。

　〈先生がいなかったので，これ幸いと，生徒たちはいたずらを始めた。〉

あるいは——

　〈先生がいないのをいいことに，生徒たちは早速ふざけ始めた。〉

3—The Norman's conquest of England in 1066 had a great effect on the English language.*

　これをもし，「1066 年のノルマン人のイギリスの征服は……」とやったとすれば，誤訳ではないにしても，拙訳の典型としてみごとな例を提供してくれることになるだろう。学校文法的な意味では，一応形式的に原文に対応してはいるけれども，肝心の訳文の意味するところがサッパリわからない。ここはどうしても，先程からいう手続きを踏んで——

〈1066年にノルマン人がイギリスを征服したことが，英語に大きな影響を与えた。〉

ないしは——

〈1066年，ノルマン人はイギリスを征服した。やがて，英語に大きな影響を及ぼすことになる事件であった。〉

とでも訳したい。

【§4B—代名詞の所有格】　ところで代名詞の所有格についても，名詞の所有格の時と同様の現象があることは言うまでもない。この章では名詞が主な話題だけれども，代名詞の所有格についても，ここでついでに触れておくほうが便利だろう。

> 1 —**His failure** to fulfil the promise made the voters suspicious.*
>   → He failed to fulfil the promise, and that made ...

〈彼は公約を実行しなかった。そこで有権者も彼を信用しなくなった。〉

> 2 —**His admiration** for her beauty blinded him to her faults.*
>   → He admired her beauty ...

〈彼は彼女の美貌に心を奪われたあまり，欠点は目に入らなくなっていた。〉

> 3 —**Their resemblance** was so close that they were obviously sisters.*
>   → They resembled each other so closely ...

〈二人は実によく似ていたので，姉妹だということはすぐにわかった。〉

【§4C—動名詞の意味上の主語】
名詞や代名詞が**動名詞の意味上の主語**を表わしている場合には，「主格関係」はわざわざ指摘するまでもなく明らかだろう。

1—There's no harm in **Evie's writing** a book.

〈別に，エヴィーが本を書いていけないわけはなかろう。〉

2—I don't know why she didn't like **my saying** that.

〈私がそのことを口に出すのが，どうして彼女の気に入らなかったのか，わからない。〉

【§4D—of+名詞（主格関係）】
もう一つ，これはむしろ前置詞の問題かもしれないが，所有格との関連で，of+名詞の形にも，ここで触れておいたほうがいいだろう。

A of B という構造で，B が意味上，A の主語となっている場合がある。例えば——

1—Do you believe in **the existence of ghosts?***
  → Do you believe that ghosts exist?

〈幽霊がいるなどと，君は本気で信じているのか？〉

2—They were all surprised by **the sudden coming in of a stranger.**
  → ...a stranger came in suddenly.

〈知らない人がいきなり入って来たので、みな驚いた。〉

3—He married without **the knowledge of his parents.***
　→ ... his parents didn't know

〈彼は、両親の知らないうちに結婚していた。〉

【§5A—「目的格関係」を表わす所有格】　さて、§4で見てきた名詞・代名詞の所有格、of＋名詞のどれについても、「主格関係」ではなく、「目的格関係」を表わす場合がある。例えば——

1—**The city's capture** by the guerrilla bands threw the neighboring areas into great disorder.*

という文章で、"The city's capture"が「町が占領した」の意味でないことは明らかだ。"The guerrilla bands captured the city, and that threw..."と読みほどいてやらなければならない。そこで訳文は——

　〈ゲリラ部隊がその町を占領したので、周辺の地域は大混乱に陥った。〉

あるいは受身の形にして——

　〈その町はゲリラ部隊によって占領されてしまった。当然、周辺地域は大混乱に陥った。〉

とでもすべきだろう。

　代名詞の例を挙げると——

2—He heard the Austrians shout themselves hoarse with joy as they acclaimed **their conqueror.** —— Maugham, *Up at the Villa.*

この引用だけではわかりにくいかもしれないが，この"their conqueror"というのは，前後関係からして，"the man who had conquered them (=the Austrians)"の意味である。すると——

〈彼は，オーストリア人たちが声をからして，彼らを征服した男を歓呼して迎えるのを聞いた。〉

とでもいうことになる。ただし，この訳文はもう一工夫する必要があるかもしれない。相手は，ほかならぬオーストリアを侵略した征服者であるにもかかわらず，群衆はこの男を歓呼して迎えている，という，肝心のアイロニーが十分読み取れないからだ。この点を考えると，例えば——

〈彼の耳には，オーストリア人たちが声をからして歓呼するどよめきが聞こえてきた。だが，群衆が今狂喜して迎えているのは，ほかならぬ彼らの母国を征服した男ではないか。〉

といった訳はどうだろう。

【§5B—of＋名詞(目的格関係)】　だが実は，(代)名詞の所有格が「目的格関係」を表わす場合は，実はそれほど多くはない。いちばん多いのは，of＋名詞でこの関係を示す例である。早い話，前の節で挙げた例文の中にも，すでにこの形が出ている。§4 A 3の，"The Norman's conquest of England…"の，"of England"がそれである。

ほかにもいくつか例文を加えておこう。

1 —**Violation of the rights** of others was the last thing he would do.*

→ To violate the rights of others ...

〈他人の権利を侵害するなどということは，彼がけっしてしないことであった。〉

2—Ignorance of social usage can result in many blunders.

これは例えば，次のような文章に読みほどいてやればよい。

If you are ignorant of (*or* If you don't know) social usage, it can result ...

こう考えれば，自然に次のような訳文が出てくるだろう。
〈社会的慣習を知らないと，とんでもない失敗に終ることがよくあるものだ。〉
あるいは——
〈慣習を知らないばかりに，思わぬ失敗をすることもめずらしくはない。〉

ついでながら，§4Aで触れた複数の問題が，ここにも顔を出していることに御注意いただきたい。"many blunders"を「多くの失敗」と訳すのは，いかにも翻訳くさくて味気ない。けれども今言うように，"Ignorance of social usage"を副詞的に読みほどいてやれば，上の訳文で示したとおり（「……よくある」，「めずらしくはない」），発想の転換の糸口も出てこようというものだ。

最後にもう一つ，主格の所有格と，目的格関係のof〜が両方出てくる例を挙げておこう。

3— Ibsen's advent coincided with the movement for the

| **liberation of women** from the inferior position.* |

"Ibsen's advent"が「主格関係」、"the liberation of women"が「目的格関係」を表わしていることは言うまでもない。すると訳は——

〈イプセンが現われたのは、たまたま、女性を低い地位から解放しようとする運動と時を同じくしていた。〉

それとも——

〈イプセンが登場した時期は、女性を低い地位から解放しようとする運動の始まった時期と一致していた。〉

〈練習問題〉

さて、この章のしめくくりとして、少し長めの文章を、練習問題として出しておくことにしよう。できれば読者の方々も、ただ読み流すのではなく、御自分でもペンを取って、まず訳文を書いてみていただきたい。

> Shakespeare was all the better for his lack of university education. For the effect of such an education is, all too often, the stifling of genius. What is unique about Shakespeare is his closeness to his native soil, and to the heart of his people, with their memories of "merry England". Such closeness may well have been spoilt by a university education.—— P. Milward, *Culture in Words*.

〔コメント〕

名詞の所有格そのものが出てこないのはやや残念だが、代名

詞の所有格や，of＋名詞の形はさかんに出てくる。

まず "his lack of university education" の "his" は，もちろん主格関係を表わす所有格(§4 B)。それから，"of university education" は目的格関係を示している(§5 B)。そこでこの句を，まず "he lacked (didn't receive) university education" といった形に読みほどいてやる。

"the effect of such an education" の of は，言うまでもなく主格関係の of である(§4 D)。けれども次の "the stifling of genius" は目的格の関係を表わしている――つまり，「天才を窒息させる」のである。

以下，"his closeness"→"he was close," "their memories of merry England" の "their" は主格，"of" は目的格の関係を表わしているわけだが，こういう読みほどきをさらに一歩推し進めれば，"his native soil" なども，→"the soil (land) where he was born and brought up" といった形に読み解くこともできるかもしれない。

最後にもう一つ，"by a university education" という句は，句の中に文(節)を読み取るという，この章で強調してきた方法を応用すれば，実は "if he had received university education" の意味だと理解できるのではあるまいか。だからこそ，"may well have been spoilt" と仮定法過去完了が使ってあるわけだ。

試訳――〈シェイクスピアは，大学教育を受けなかったから，逆に大いに得をしたのだ。というのも，大学教育の結果として，天才を窒息させてしまうことがあまりに多いからである。

シェイクスピアの特異なところは，みずからの生まれ育った土地に密着し，民衆の心に密着していたという点にある。そして民衆は，かの「メリー・イングランド」(の中世的伝統)をなお生き生きと記憶していた。(ところが)もしシェイクスピアが大学教育を受けていたら，こうした伝統との密接な関係は，おそらく損なわれていたにちがいない。〉

II. 「核文」と「変形」——名詞(2)

　前の章でお話したことを，ここで改めてまとめておくと，結局，こういうことになるだろう。つまり——

　名詞・代名詞の所有格，あるいは of＋名詞という句の背後には，実は S＋V という文(節)の構造が潜在している。したがってこれを翻訳する時には，まず形式上の句を内容的に文(節)に読みほどいてから，これを改めて日本語に再構成することが有効である。

　ところで，E. A. ナイダという人の『翻訳——理論と実際』(研究社)を読んでみると，この点についてなかなか面白い分析が載っている。しかもこれが，単に所有格や A of B の形に限らず，実は翻訳上，非常に重要な原則にかかわる問題であることがわかる。そこでこの章では，ナイダの分析をかいつまんで御紹介しながら，この点を今少し突っこんで考えてみることにしよう。

【§6—所有格構文の意味構造】　ナイダの本は聖書の英訳を主な材料にしているので，今もいう「所有格構文」について，聖書の訳例を材料に，この構文の各要素間の意味上の関係を，次のように分析している。

　(1) his sins ＜he sins : A が B をする〔前章で「主格関係」と呼んだのはこれにあたる〕。

（2）his destruction〔彼を破滅させること，の意〕＜ X destroys him.：X が A に B を行なう〔同じく「目的格関係」——もちろんコンテキストによっては，「彼が X を破滅させる」の意味にもなりうる〕。
（3）his calling ＜ He(God) calls him.：A が X に B を行なう。
（4）his glory ＜ he is glorious：A は B である。
（5）your way ＜ you (go on) the way：A が B を行く。
——ナイダ，テイバー，ブラネン著，沢登春仁，升川潔訳『翻訳—理論と実際』，1973年, p. 63.

つまり，要するに，形は同じ所有格構文でも，その各要素間の意味上の関係は，実はさまざまであるということだ。同時にもう一つ大事なことは，われわれも前章で分析したとおり（ただし，ナイダほど細かくではなかったが），所有格＋名詞という句の背後には，一つの文章に相当するものが潜在しているということである。

ナイダがつづけて挙げている例を，今度はもう少し簡略化して列挙しておくと——

（6）my burden〔ここでは，「私の与える重荷」の意味〕＜ I (provide) a burden.
（7）my God ＜ I (worship) God.
（8）his father ＜ he (possesses) a father and the father (possesses) him as a son.
（9）his arm ＜ he (has) an arm.
（10）his house ＜ he (owns) a house.

同様に，**A of B の形式**についても，表面的には同じ形であっても，AとBとの関係はさまざまでありうる (p. 52)。

(1) the will of God ＜ God wills.〔主格関係〕

(2) the foundation of the world ＜ (God) creates the world.〔目的格関係〕

(3) the God of peace ＜ God causes peace.

(4) a man of confidence ＜ the man has confidence.

(5) a word of truth ＜ the word is true.

(6) Joan of Arc ＜ Joan comes from Arc.

(7) the land of Judea〔ユダヤの地，つまり，ユダヤという土地〕＜ the land is Judea.

(8) depth of soil ＜ the soil is deep (*or* shallow).

(9) servant of man〔人につかえる者〕＜ He serves man.

(10) The Book of Mormon ＜ Mormon wrote the Book.

【§7—「核文」と「変形」】　さて，今まで御紹介した分析は，われわれにとって，かならずしも目を見はるほど新鮮というわけではないかもしれない。なるほど，われわれが前章で試みた「所有」，「主格関係」，「目的格関係」といった分類にくらべれば，もっと精密な分析であるにはちがいないが，別に言語学者のお世話になるまでもなく，素人でも，多少頭を働かせればわかる程度のことだと言えるだろう。

　ただ，ナイダの理論で，少なくとも私にとってかなり新鮮に思え，参考にもなったのは，ここで彼が「核文」と「変形」とい

う概念をもち出していることである。

　「核文」や「変形」というのは，いわゆる生成変形文法の用語で，言語学——殊に新言語学にはまったく不案内な私には，あまり立ちいった説明を加える能力もないし，また，今の場合その必要もないと思うけれども，要するに「核文」とは，文中の行為語は品詞は何であってもすべて動詞に還元し，事物語は名詞に，量や質を表わす抽象語は形容詞や副詞に還元して，文章の各構成要素間の意味上の関係を，もっとも単純，明確な形式に再構成した基本構文のことである。

　ナイダによると，

　「変形文法がもたらした最も意義深い洞察の一つは，全ての言語には6〜12ぐらいの基本構文があるだけであり，それらの基本構文(核文)に変形という操作を加えることによって，他のすべての複雑な文が作り出される，ということである。これと逆の過程で，逆行変形とは，表面構造から，その底にある核文に還元してしまう分析の過程をいう。」—— pp.55-56.

　つまり，今まで§6で見てきた his sins → he sins, the will of God → God wills といった還元の操作はこの「逆行変形」で，表面構造は同じ形式であっても，その底にある核文はいろいろでありうることを示しているわけだ。けれども逆に，例えば——

　(a) She sings beautifully.

という核文を変形して——

　(b) the beauty of her singing

(c) Her singing is beautiful.
(d) her beautiful singing

といったさまざまの表面構造が生まれる——つまり，表面構造はいろいろであっても，その底にある核文は一つであるということもありうるということである。

（ちなみに英語の核文にはどのようなものがあるか，ナイダの挙げている例によって示すと，次の七つということになる。

1. John ran quickly.
2. John hit Bill.
3. John gave Bill a ball.
4. John is in the house.
5. John is sick.
6. John is a boy.
7. John is my father.

詳しい説明は省略する。興味のある方は，直接ナイダの本を御覧いただきたい。ただ6と7の区別についてだけ触れておくと，6を John is a father. という例文と入れ換えて考えてみれば，二つの相違がはっきりする。A father is John. とは言えないが，My father is John. とは言えるからである）

【§8—翻訳のプロセスと「核文」】　話がいささか抽象的になってしまったかもしれない。けれども実は，この「変形」という考え方が，翻訳のプロセスにとって非常に重要な問題をはらんでいると思えばこそ，あえてこんな話をもち出してきたのである。

いったい翻訳という作業が，単に表面構造だけ，機械的あるいは形式的に転換することで終るのなら，学校文法的な英文直訳で十分こと足りるはずである。けれども，いやしくももう少し深いレヴェルで，内容的に十分原文に対応した翻訳をしようと思えば，まず原文の深層の意味構造を十分に**分析**し，これを受容言語に**転移**し，しかる後に，受容言語（われわれの場合には日本語）でもっともふさわしい表現へと**再構成**するという，三つの段階を経なくてはならない。

　ところが，以上に御紹介してきた「核文」や「変形」という考え方は，第一に原文の分析に大きな偉力を発揮してくれるばかりではなく，第二段階の「転移」というプロセスでも，かなりの効力を発揮するのだ。というのも——

　「翻訳者の立場から見て，すべての言語に核文があるという事実よりも重要なのは，複雑な表面構造にくらべて，その底にある核文のほうが，諸言語間で合致する要素がはるかに多いという事実である。従って，核文のレヴェルまで文の構造をバラバラにして還元したほうが，容易に，しかも文意をゆがめることなく，A 言語から B 言語へ転移することができるのである。」——p.56.

　なるほど，理屈はそうかもしれない。しかし，実際問題として，要するにどういうことになるのか，もうちょっと具体的に言ってくれないとピンと来ない——読者は，あるいはそう文句をつけられるかもしれない。同じくナイダに従って，一つ具体的な例を見てみることにしよう。（pp.73—75）

『マルコによる福音書』1章4節に，次のような文章がある。

> John 〔preached〕 a baptism of repentance for the forgiveness of sins. ——Revised Standard Version

まずこれを核文に還元してみる。表面には出ていないが，核文の構成要素として必要なもの(People, God)を補い，さらに，核文間の論理的な脈絡に従って配列し直してみると，結局，次の五つの核文が得られる。

1. John preached X.
2. The people sin.
3. The people repent.
4. John baptizes the people.
5. God forgives X.

さて，こうして得た核文(群)を，次には受容言語に転移し，再構成しなければならないが，これを効果的に行なうためには，受容言語の特性を十分考慮しなくてはいけない。例えば，間接話法より直接話法を好む言語であれば，かりに英語で表現すれば次のような形に再構成するのが適当だろう。

> John preached, "Repent and be baptized, so that God will forgive the evil you have done."

逆に間接話法を好む言語なら——

> John preached that the people should repent and be baptized in order that God would forgive their sins (*or* the evils they have done).

さて，結論。

前の章では，所有格について，「句のうちに文を見る」ということをお話したのだったが，実はこれは所有格に限ったことではなく，どんな場合にも，原文の表面構造をまず核文に分析してみて，しかる後に，はじめて転移と再構成にかかるということ——つまり訳文の工夫に取りかかるべきだということである。

〈練習問題〉

　この章では，始めから終りまでナイダにお世話になったから，ついでに練習問題も，彼が分析の練習に挙げている文章を利用させてもらうことにする。ある日本の小説の英訳の一節である。逆にまた日本語に訳し戻して，元の日本語をくらべてみるのも一興だろう。

> 　Rich people never cause you any trouble. I don't care how fine a man is, he'll come for help when he's out of money. There's nothing more humiliating than borrowing money, but a poor man does it without thinking twice.

　実はこれは，川口松太郎の『深川の鈴』という作品を，サイデンステッカー教授が英訳したその一節である。川口松太郎の原文はこうだ。

> 「金のある奴は人に迷惑をかけない。どんな人格者でも，金がないと援助を求める。他人の金を借りる程の恥はない。貧乏をすると，この恥が平気になる。」

　この原文を，上の英訳と比較してみると，主語の立て方，代

名詞の使い方をはじめ，非常に興味深い点がいくつも発見できる。じっくり読みくらべてみていただきたい。

III.「無生物主語」その他——名詞(3)

　この前の章は,「核文」とか「変形」とか,いささか理屈っぽい話になってしまったかもしれない。この章では,また本来の実習的アプローチに帰ることにしよう。しかし,ともかくナイダの理論によって,翻訳というプロセスが,現代の言語学ではどのように説明されているのか,ごくごく大雑把ではあるけれども,その一端を垣間見ることができたし,また,われわれのやっている「言いかえ」,「読みほどき」という作業が,ただ単に技術的,経験的な便法ではなく,多少は理論的にも根拠のあることがわかったのは,やはり一つの収穫だったと思う。

　さて,最初にお話した江川泰一郎さんの『英文法解説』が,特にわれわれのような関心から英文法をおさらいする上でありがたい点の一つは,例えば名詞の章の最後に,「日本語と異なる名詞の用法」という節が設けてあって,無生物を主語とする構文とか,「形容詞＋動作者(名詞)」の表現などという項目を作ってくれていることだ。この章ではこうした点を扱って,名詞の項の締めくくりということにしたい。

【§9—無生物主語】　実はこの問題は,われわれもすでに一度,しかもかなり突っこんで扱ったことがある。第1章で所有格を考えた時,われわれが問題にしていたのは,結局この問題だっ

たのである。例えば——

The dog's attempts to climb the tree after the cat came to nothing.

とか

Ignorance of social usage can result in many blunders.

などというのは，まさしく「無生物主語」の構文にほかならないからである。

　けれどもこの問題は，江川さんも言われるとおり，日本語と英語で表現の発想が大きく異なる場合の一つであるし，それに，所有格の項で扱ったのとはちがったタイプの例もいろいろあるから，私なりの分類を立て，もう一度，改めて検討してみることにしたいと思う。

【§9A—動詞が内包されている場合】　例えば，次の例を見ていただきたい。

1—**A little reflection** will show you what a stupid answer that is.*

reflection という主語の中に，すでに reflect という動詞が内包されている。そして，この動詞の意味上の主語が you であることは，前後関係からして改めて指摘するまでもない。とすると，前にも述べたように，この無生物主語を，"If you reflect a little" と副詞節に読みほどいて——

〈ちょっと考えてみれば，そんな答がいかにバカげているか，

君にだってすぐわかるはずだ。〉

とでも訳せば，日本語の発想法に従った自然な訳文が出てくるのではあるまいか。

同様の例をいくつか挙げると——

2—**A few minutes' walk** brought him to the park.*

〈二，三分歩くと，公園に出た。〉

3—**A glance at the letter** darkened his face.

〈その手紙をチラと見るなり，彼は顔をくもらせた。〉

もう少し複雑なケースとして——

4—**Years of study** have convinced me that the real job is not to understand a foreign culture but to understand our own.

〈永年研究した結果，私も確信するにいたったのだが，本当に重要なのは，外国の文化を理解することではなく，実はわれわれ自身の文化を理解することなのだ。〉（原文の流れにできるだけ沿って，まず "have convinced me" を前に出すという点については，すでに§1で述べたことを，もう一度思い出していただきたい）

5—**The knowledge** that he was hard up did not weaken their love.

〈彼が金に困っていることがわかっても，二人の愛情は弱まりはしなかった。〉（この例では，knowledge → know の主語が誰であるのか，かならずしもはっきりしないけれども，訳すのに困ることはあるまい）

主語が動名詞や不定詞の場合は，動詞は「内包」されているどころか，現に顕在しているのだから，迷うことはない。

6—We are poisoned by things. **Having many things** seems to create a desire for more things.

　〈人間は物によって毒されるものだ。物をたくさん持っていると，もっと持ちたくなるものらしい。〉

【§9B—動詞を補ってやるべき場合】　第二のタイプとして，主語には動詞そのものは内包されていない場合もある。しかしこのケースでも，こちらで適当に動詞を補い，副詞節(ないしは副詞句)に読みほどいてやる必要がある点は変りはない。

　Aのタイプにいちばん近いのは，形容詞を名詞化した抽象名詞が主語になっている場合だろう。例えば——

1—**Illness** prevented him from attending the meeting.

　Illness という抽象名詞を，"Because he was ill" という副詞節に読みほどき，全体を "Because he was ill, he couldn't attend the meeting." と理解して——

　〈病気だったので，彼はその会合には出席できなかった。〉としてやるのである。

　同様にして——

2—**Diligence** has made him rich.

　〈勤勉だったからこそ，彼は金持ちになれたのだ。〉

3—**No honesty** will make a man useful if he is foolish.

〈いくら正直でも，バカでは役に立つ人間にはなれない。〉

次のような例も，やはりこの部類に入ると考えていいだろう。

4—**His wealth** enables him to do anything.*

〈彼には金があるから，何でもできる。〉

ちなみに，第Ⅰ章，名詞(1)の所有格の項で出てきた例文は，今まで§9Aと§9B 1〜4で見てきた方法ですべてカタがつく。できればあの時の例文を，この観点からもう一度見直しておいていただきたいと思う。

けれども「無生物主語」の構文には，これとはまた別の部類に属するケースもいろいろある。例えば——

5—**This road** will lead you to the station.*
　→ If you take this road, you will get to the station.

〈この道を行けば，駅に出ます。〉(§6の5の例文，"your way you go on the way"を思い出していただきたい)

あるいは——

6—**This fact** shows that he is innocent.*
　→ If we see this fact, we can know that he is innocent.

〈この事実を見れば，彼が無実だということは明白だ。〉

または——

〈この事実によって，彼の無実がわかる。〉

同様に——

7—**History** shows us that no despotic country has ever thrived.*

〈歴史を見れば，独裁国家の栄えたことはかつてなかったことがわかる。〉

　江川さんはこの例を，無生物主語でも直訳すべき場合として取りあげ，「歴史は，いかなる独裁国家も栄えたためしがないことを教えてくれる」という訳文を与えておられる。しかし，これも 6 と同様の訳し方ができるのではないかと思う。次の例も同様である。

8 —**This new law** will clear the way for many educational improvements.*

〔江川訳〕——〈この新しい法律は，多くの点で教育改善の道を開くであろう。〉

〔安西試訳〕——〈この新しい法律ができれば，教育上，さまざまな改善の道が開けるのではあるまいか。〉

　江川さんの訳も，日本語として特におかしいというわけではない。むしろ問題は，文体上の相違だと言うこともできるかもしれない。そこで考えるのだが，少し前まで，日本語の文章体（文語体ではなく，口語体と区別した意味での文章体）の基礎が漢文読みくだし調にあったように，現在では，欧文直訳調が文章体の基調を形作っているという現象が見られるのではあるまいか。だから，逆に言えば，やや重い，荘重なスタイルがほしい時は，欧文脈を意図的に利用することもできるということだ。いずれにしても，この問題はかなり微妙で，§2でも述べたとおり，本書では文体の問題には深入りしないつもりだけれども，

また後で，例えば受身のことを考える時にでも，もう一度触れることにしたいと思う。

【§9C—仮定法がふくまれている場合】 以上，§9A,§9Bで見てきたのとは，やや性質を異にする部類として，例えば "A Japanese would act differently." とか，"A gentleman would not have made such a vulgar joke." とか，主語のうちに仮定法の if-clause が伏在しているケースがある。それぞれ，"If he were a Japanese, he would..." とか，"If he had been a gentleman, he would not..." とか補って，「日本人なら，そんなことはしないだろう」，「紳士なら，そんな卑俗な冗談は飛ばさなかったはずだ」としてやるべき場合である。これはむしろ仮定法の項目で扱うべき問題かもしれないが，便宜上，ここでまとめて見ておくことにする。

1—**A slight slip** of the doctor's hand would have meant instant death for the patient.

〈医者の手がほんの僅かすべっても，患者はたちどころに死んでいたにちがいない。〉（先程の分類では A, 無生物主語に「動詞の内包されている場合」に相当する）

2—**A month's deprivation** of the solar rays would involve the utter destruction of all activity on earth.*

〈1か月も太陽の光を奪われたら，地上のあらゆる活動はすべて完全に破壊されてしまうにちがいない。〉

3―**The ideal society** would enable every man and woman to make the most of their inborn abilities.*

〈理想的な社会にでもなれば，あらゆる人が生まれながらの才能をすべて十分に発揮することもできるのかもしれない。〉（先程の分類に従えば，**B**,「動詞を補ってやるべき場合」に相当する）

以上のほかに，多かれ少なかれ擬人化のふくまれている場合 (e. g. "Chance has thrown us together at a skating resort." 〈私たち，スケート場で偶然知りあったの。〉) もあるが，やや特殊なケースだし，ここでは立ち入らないことにする。

「無生物主語」について，最後に念のために書きそえておくと，人間以外のものが主語になっているからといって，いつでも以上のような処理ができるというのでも，すべきだというのでもない。そのことは，次のような例を見ていただければ，これ以上の説明は必要としないだろう。

The moon rose.*
This pen leaks badly.*
The ball hit me on the forehead.*

【§10―「形容詞＋動作者(名詞)」の表現】　もう一つ，江川さんの本では，日本語とちがう名詞の用法として――

He is a good swimmer.
　→ He swims very well.

〈彼は泳ぎがうまい。〉

という型の表現が取りあげてある。ごく簡単に，例文と訳文だけ列挙しておくことにしよう。

1—I am a bad sailor.*
　→ I easily get seasick.

　〈私は船に弱い。〉

2—He is a habitual liar.*
　→ He habitually tells lies.

　〈彼は嘘ばかりついている。〉

3—He is a good loser.*

　〈奴は負けっぷりがいい。〉

4—She studied Japanese for years but never became a good speaker.*

　〈彼女は何年も日本語を勉強したが，結局うまく話せるようにはならなかった。〉

〈練習問題〉

　What the foreigner finds most objectionable in American life is its lack of basic comfort. No nation with any sense of material well-being would endure the food they eat, the cramped apartments they live in, the noise, the crowded subways and buses. American life in large cities is a perpetual assault on the senses and the nerves.'

〔コメント〕

"its lack of basic comfort" は, 第Ⅰ章の "his lack of university education" とまったく同じ構造だ。"its" は主格関係の所有格(§4B), "of...comfort" は目的格関係を表わしている(§5B)。つまりこの句は, "that it〔=New York〕lacks basic comfort" という節に読みほどいてやればいい。

"No nation...would endure"――"would" という仮定法に注目。つまり, 本章の§9C, 無生物主語に仮定法がふくまれている場合だ。"with any sense...well-being" の部分に, その仮定の内容が示されている。

"American life in large cities"――これは, ちょっとわかりにくいかもしれないけれども, §9A, 動詞の内包されている場合を応用できるケースだろう。"life" という名詞を, ただ名詞と取らずに, "live" という動詞を名詞化したものと考えるのだ。そうすれば, 例えば "If (or when) we (or you) live in large cities in America" といった節に読みほどいてやれる。

こうしたアプローチをさらに展開してゆけば, 次の "is a perpetual assault" もそのまま表面的な形をなぞるのではなくて, "we (or you) are perpetually assaulted" といった形に読みほどいてやる発想も生まれてこようというものではないか。

*　**試訳**――〈外国人がアメリカに住んでみていちばん不愉快に思うのは, アメリカの生活には基本的な快適さが欠けているということだ。どんな国民にしろ, いやしくも物質的な快適というものを知っていれば, アメリカ人が食べているような食物には我慢ができまいし, あんな狭苦しいアパー

トに住むことも，あの騒音，それに，あんなに混んだ地下鉄やバスにも我慢がなるまい。アメリカの大都会に住んでいると，感覚も神経も四六時中攻め立てられているような気がする。〉

IV. 演習(1)——名詞

　さて，名詞の項を終えたところで，少しばかり気分を変えて，応用問題を演習してみることにしよう。今までの例文よりはやや長い文章に実地に当たって訳を工夫してみれば，これまで説明してきたことがそれだけ頭に入り，身につくのではあるまいか。

　けれども，ただ問題文を掲げ，訳例をそえるだけでは，面白味もないし，実地の訓練として効果も少ない。そこで，いっそ添削形式を取ってみることにした。実は私自身，バベル翻訳学院で，「翻訳英文法」を素材にして演習をやったのだが，その時の受講者の方々の第一次の訳文と，それに私の加えたコメントを，もちろん受講した方々の御諒解をいただいた上で，本書の演習に利用させていただくことにしたのである。読者の方々も，ぜひ，まず御自分で訳文を工夫し，一応の答案を書いてみてから，受講者のみなさんの訳例と比較し，私のコメントや試訳を参考にして，それぞれに訳文を完成させて下されば，それだけ面白く読んでいただけるのではないかと思う。

> **1**—A very few days of practical experience in this land of high wages had been sufficient to make clear to them the cruel fact that it was also a land of high prices.

訳例①(R. M. さん)——〈この高賃金の国における (1)実際的な経験によって，これがまた高物価の国でもあるというきびしい現実をつきつけられるには，(2)ほんの数日間もあれば十分だった。〉

〔コメント〕

（１）「実際的な経験」—この無生物主語がこの問題のポイント。"experience" をそのまま名詞に扱うのではなく，「経験すること」と動詞を使って読みほどいてやれば，その前の "practical" は「実際に(経験する)」という意味だとわかるだろうし，"in this land..." も副詞句に読みかえ，冒頭の "A very few days" も同じく副詞句に読みかえ，さらに，後に出てくる "clear to *them*" から，「経験する」のは誰か，その主語を読み取って全体を文章の形に読みほどいてやれば，結局この主部全体は，"When they had practically experienced (a life) in this land of high wages for a very few days, it had been..." といった内容だと理解できるだろう。その上で訳に取りかかればよい。

（２）「ほんの数日……」—まず第一に，「ほんの数日」そのものは(1)のコメントで見たように処理したほうがよい。第二に（こちらのほうが重要な問題だが），§1 で強調した語順という点からして，"sufficient" をもっと前に出してやる方法を工夫すべきだと思う。

訳例②(I. W. さん)——〈ほんの二，三日，実地にこの高賃金国の (1)生活を体験しただけなのに，彼らの目には，はっきりと

苛酷な (2)現実が見えてきた。この国も (3)御多聞に洩れず，物価騰貴に呻吟する国であった。〉

〔コメント〕

（1）「生活を体験した」―この工夫，大変に結構。訳例①のコメントで説明したことがきちんと実行できている。

（2）「現実が見えてきた」―これも先程言った語順の問題が，巧みな工夫でうまく解決されていて大いによろしい。それにしても，"sufficient" はどこに消えてしまったのかと批判する向きもひょっとするとあるかもしれない。しかし御心配御無用。「ほんの二，三日……体験しただけなのに」という表現でちゃんと処理できている。

（3）「御多聞に洩れず」―ただし，これは具合が悪い。おそらく "also" の訳なのだろうが，この "also" は「この国もまた」という意味ではない。"land of high wages" は，同時にまた "land of high prices" だった，ということ。実はこれが，この英文のひとつのポイントなのである。「賃金が高いとよろこんだのも束の間，実は物価も高い」ということがわかったのである。だからこそ "the *cruel* fact" なのだ。

安西試訳――〈この国へ来て，ほんの二，三日，実際に生活してみただけで彼らにもはっきりわかった。賃金が高いのはありがたいが，実は物価も高いという残酷な事実を思い知らされたのである。〉

2—Whoever has to deal with young children soon learns that too much sympathy is a mistake. A child that invariably receives sympathy will continue to cry over a tiny mishap; the ordinary self-control of the average adult is only achieved through knowledge that no sympathy will be won by making a fuss.

訳例①(K. H.さん)——〈幼ない子供たちと接しなければならない(1)人なら誰でも，(2)甘やかしすぎは毒だということをやがて(3)学び取る。始終甘やかされている(4)子供は，ちょっとした災難ごときにも泣きやめようとはしない(5)だろう。騒ぎたてても甘やかしてはもらえないことを(6)理解しなければ，まともな自制心をもった一人前の大人にはなれない。〉

〔コメント〕

（１）「……人」—くわしくは後で関係代名詞をやる時あらためて検討したいと思うが，先程名詞で練習したこと，特に§9C，「仮定法がふくまれている場合」が十分頭に入っていれば，おのずから工夫の道が見えてくるのではないかと思う。つまり，例えば "A month's deprivation of the solar rays would..." を，"If the solar rays were deprived for a month, it would..." と読みほどいたやり方を展開して，"Whoever has ... learns" を，"If one has to deal with young children, one soon learns" といった形に読み開いてやるのである。

（２）「甘やかしすぎ」—このままでも特に悪くはないかもしれないけれども，もっとはっきり動詞を補ってやってもいい。

（３）「学び取る」—二点コメントしたい。第一に "learn" はか

ならずしも「学ぶ」ことだけを意味するのではなく，もっとひろく「知る，わかる」という意味でよく使うということ。第二に，今度は語順の問題で，この訳例のように最後に持ってくるのではなく，もっと前に出すこともできるのではないかということ。

（4）「……子供」—コメントの（1）で述べたことと同じ。「子供は，いつも甘やかされていると」といった訳文は考えられないか。

（5）「だろう」—この "will" は未来でも推量でもなく，現在の習慣を表わす用法だろう。「よく……するものだ」，「とかく……するものである」ということ。「現在の習慣」？　そんな用法が will にあったかなあ，とお考えの読者は，ぜひ江川さんの本の§145を参照してみていただきたい。

（6）「理解しなければ」—"knowledge" を動詞にもどして読みほどいた点は大変結構。ただ欲を言えば，もう少し原文の語順に従って，"the ordinary ... is only achieved" の主節のほうを前に出してやる工夫はできないものだろうか。

訳例②(K. A. さん)——〈(1)幼児を扱っていると，誰でもすぐに(2)気づくことであるが，同情の寄せすぎは禁物である。子供は(3)同情ばかり受けていると，取るに足らぬ不都合が起こっても，めそめそ泣きやまなくなる。通常，自制力を普通の大人が身につけるのは，同情を得たければめそめそするな，と(4)悟った上でのことなのだ。〉

〔コメント〕

全体としてなかなかよい。よく工夫してある。

（1）「幼児を……誰でも」―訳例①のコメントで注文した点，これで解決できた。

（2）「気づく」―"learn" の意味，語順の問題，いずれもこれでいいと思う。

（3）「同情ばかり受けていると」―訳例①の（4）のコメント，これできちんとカタがついた。

（4）「悟った上でのこと」―語順を原文に近づけるという点は結構。ただ，もう一度読み返してみると，後半の「通常，自制力……」以下の訳文は，もう一つスッキリしない感じが残るような気がするのだけれども，どうだろうか。

安西試訳――〈誰でも子供の相手をしていればすぐに気のつくことだが，あまり同情しすぎると失敗する。子供というものは，いつも同情されてばかりいると，ほんのちょっと悲しいことでもあればすぐ泣き出して，いつまでも泣きやめようとしないものだ。普通の大人として当り前の自制心を身につけるには，いやでも子供の学ばねばならないことがある。騒いでみたって同情は得られないという教訓である。〉

3―Centuries of apparently wasted effort on the part of alchemists giving birth to chemistry provides us another example of things that go wrong bringing about an unexpected good.*

この例題は，ややむつかしいかもしれない。まず，英文解釈の段階でつまずいた人が多かった。"provides" という動詞の主語はどれか。"effort" ではない。"giving" という動名詞が主語

で，"effort"はその意味上の主語である。つまり，「錬金術師たちの努力が化学を生み出した，ということが，……の実例を与える」のである。

さて翻訳の段階では，この"effort"を読みくだいてやる必要があるだろう。つまり，"Centuries ... giving birth"の部分を，例えばこんな文章に読みほどいてみるのである。"For centuries alchemists made effort apparently wastefully, but their effort gave birth to chemistry. This fact provides ..."

訳例①(A. K. さん)——〈(1)化学を生んだ錬金術師たちのした，何世紀にもわたる一見無駄な(2)努力は，(3)我々に(4)物事におけるもうひとつの実例を見せてくれる。つまり，失敗して，思いがけない効用を得ることである。〉

〔コメント〕

（1）「化学を生んだ錬金術師たち」——これは，"giving"を動名詞ではなく現在分詞と取り，"alchemists"にかかると解釈したわけで，文法的にまちがい。

（2）「努力」——これは，今もいうとおり，読みほどいてやったほうがいい。

（3）「我々に」——次章の代名詞の項でまた扱うことになると思うが，こういう"us"は表に出す必要は少しもない。

（4）「物事」——この訳文を見ていると，原文の文法的な構造がしっかり取れているのかどうか，いささか不安になるが，"bringing"も動名詞で，"things that go wrong"がその意味上の主語と考えてみてはどうだろうか。それとも"bringing ..."

は現在分詞と考えて，"and bring about" と読み変えることも不可能ではないかもしれない。いずれにしても，ここも何らかの読みほどきが必要で，A. K. さんの訳文は，やはりどうにも舌足らずの感をまぬかれない。

　訳例②(A. K. さん)——〈一見無駄とも思われる，数世紀にわたる錬金術師の努力が，化学を生む原因になったということは，失敗が思いもよらぬところでよい結果をもたらすことがあるという，もう一つの例を我々に提示している。〉(訳例①の A. K. さんとは別人)

〔コメント〕

　英文解釈的には問題はないけれども，翻訳上の表現という点からは，もうあと一工夫が必要だろう。「努力」の読みほどきという点もそうだし，「もう一つの例」というのも，もうひとつピンと来ない。「我々」が気になる点も前例と同じである。

　ただ "things that go wrong" を，思いきって「失敗」という一語に圧縮したのはうまい。今まで名詞を読みほどくという面ばかり強調してきたけれども，時として，逆にこうした圧縮によって，訳文の切れ味がずっとよくなるというケースもある。この点については，また適当な例が出てきた時，改めて触れることにしよう。

　安西試訳——〈錬金術師たちは何世紀にもわたって，一見無駄な努力を繰り返してきた結果，はからずも近代化学を生み落とすことになった。この事実もまた，失敗が思わぬ成功を生んだ事例の一つといえよう。〉

V. 代名詞は切れ──代名詞(1)

　さて，今度は代名詞について考えてみることにしよう。いろいろ問題とすべき点はあるだろうが，この章では二つだけ取りあげてみることにする。第一は人称代名詞の処理，第二は，名詞の反復を避けるために使う指示代名詞や不定代名詞の扱い方である。

【§11──人称代名詞】　まず例文を訳してみることから始めよう。ぜひ御自分でまず訳してみていただきたい。

> 1 ─Proverbially, **you** can know a man by one of two ways. **You** can know a man by the books **he** keeps in **his** library ; and **you** can know **him** by the companies **he** keeps.── P. Milward, *Golden Words*.

「忠実に」直訳すれば，まあ，こんなことになるだろうか。
　a─〈格言的に，あなたは二つの方法の一つによってある人を知ることができる。あなたは，彼が彼の書斎に持っている書物によってある人を知ることができる。そしてあなたは，彼がつきあっている仲間によって彼を知ることができる。〉
　英文解釈としてなら，こう書いてくれれば満点を出すしかあるまい。しかし，いやしくも翻訳として見る限り，これではまず0点だ。

第一に Proverbially というのは，ここでは「格言に従えば」というほどの意味。つまり，人柄を知る方法について，二つの諺があるということを圧縮して言っているわけで，以下に述べてあるのがその二つの諺にほかならない。

　けれども問題はもちろん，人称代名詞の扱い方である。まず "you" だが，これが we や they あるいは one などと同様，漠然と「人」を表わす「総称人称」(generic person)であることは明らかだ。しいて訳せば「人」ということになるだろうが，表に出す必要はない。訳文ではカットしたほうが上策である。いや，カットすべきは単に you に限らない。次に出てくる he, his, him は，いずれも前の "a man" を指していることは言うまでもないけれども，これも必ずしも表に出して訳す必要はない。どころか，表面から全部隠してしまっても十分に意味は通じる。試みに，he や him を全部隠して訳してみよう。

　b──〈諺に従えば，人柄を知るには二つの方法がある。書斎に持っている本によって知ることもできるし，つきあっている仲間によって知ることもできる。〉

　日本語として，これで完全に意味が通じる。曖昧さは少しも残らない。これで十分ではないか。

　ただしかし，私自身が訳すとしたら，この先さらにもう一段階進んで，例えば次のようにやってみたい気もする。

　c──〈人柄を見分けるコツとして，諺は二つの方法を教えてくれている。書斎にどんな本を持っているか，さもなければ，どんな仲間とつきあっているかを知れば，本人の人柄も見当

がつくというのである。〉

　このへんのことになると、好みの問題がかなり関係してくるから、**b**より**c**のほうが絶対にいいと頑張るつもりは全然ない。ただ、"by the books he keeps...,""by the companies he keeps."のところを、あたかも疑問詞が使ってあるかのように、「どんな本を持っているか」、「どんな仲間とつきあっているか」といった形にしてやるほうが、多分日本語としてもっとピンと来るのではないかと思う。

　どうしてそうなのか。その理由は、代名詞を表に出さない理由とも共通していて、これを論じ始めると、日本語の根本的な性格まで論じなければならなくなるので、今くわしく論じている余裕はない。ほんの一言だけ触れるとすれば、西欧語は物事を抽象的、客観的、論理的に述べようとするのにたいして、日本語はできる限り具体的な「場」(situation, context)を踏まえ、いわば「場」によりかかった形で発想するからだということである。この点は、いずれ「話法」を扱う時に、もう少し突っこんで考えてみることになるだろうが、いずれにしても、今はそんな理屈より、ともかく実践的な原則として、**代名詞はできる限り訳文から隠す**という鉄則を強調しておきたい。

　もう一つ例文をやってみよう。今言う原則を、さっそく実践してみていただきたい。

2—Children frequently refuse to follow instructions for no other reason than that **they** have been told to do a certain thing. It is one way for a child to prove to **himself** that **he** is somewhat independent.*

〈子供というものは，ただ人に何かをしろと言いつけられたというだけで，言いつけを聞こうとしないことがよくあるものだ。こうすることで，自分がともかくも独立の人格だということを，自分自身に証明しようとしているのである。〉

どうしても代名詞を出さざるをえない時には，上の例のように，「自分」という言い方をしたほうがいい。一種の誤魔化しと言えなくもないが，この方が，まだしも日本語本来の発想に忠実だと思う。

もう一つだけ例題を出してみる。代名詞は一つも訳文に出さないで切り抜けることができるはずだ。

3 —A suggestion was made that **I** should become a civil servant, and **my** uncle wrote to an old Oxford friend of **his** who held an important position in the Home Office for **his** advice. **It** was that, owing to the system of examination and the class of persons **it** had introduced into the government service, **it** was now no place for a gentleman. **That** settled **that**.*

〈官吏になってみてはどうかという話になって，叔父がオクスフォード時代の古い友人に手紙を出し，意見を聞いてみてくれた。内務省で相当の地位についている人だという。その返事によると，今は試験制度があって，中産階級の連中が役所に入ってきているから，有産階級の子弟には向かないという。それで，この話は沙汰やみになってしまった。〉

御覧のように，訳文には代名詞はほぼ一度も使っていない。しかし，意味は十分に通ると思う。もし問題があるとすれば，官吏になるのが「私」だという点が多少曖昧かもしれぬという点だろうが，これも，長い文章の一部としてこの一節が出てくるのなら，曖昧さは残らないだろうと思う（ちなみに，"the class"を「中産階級」，"a gentleman"を「有産階級の（子弟）」としたのは，かなり思いきった意訳のように見えるかもしれない。前後関係がないとはっきり断言はできないが，文意からして，多分こうした意味だと私は読んだわけである。逆に言うと，ここまではっきり裏を読みきらないと，筋の通った訳文は書けないといえるかもしれない）。

【§12―名詞の反復を避けるための that, etc.】 今度は結論を先に言ってしまえば，これも**省略するか，もしくは元の名詞をもう一度出す**ほうがいい。日本語では，名詞の繰返しを英語ほど嫌わないように思う。

　例えば——

| **1**―The climate of this country is milder than **that** of India.* |

英文解釈的に訳せば，「この国の気候はインドの**それ**よりも温和だ」ということになるだろうが，これではいかにもぎこちない。もう一度名詞を繰り返して——

　a―〈この国の気候は，インドの気候より温和である。〉とすることがまず考えられる。しかし，日本語としてこの訳文をもう一度よく眺めてみると，むしろ省略してしまって——

b―〈この国の気候はインドより温和である。〉

としても，少しも差支えないことに気がつくのではあるまいか。これは比較の問題とも関連してくるのだけれども，日本語では，何と何とを比較しているのか，かならずしもそれほど厳密に形に表わそうとはしないからである。

　ついでにもう一つ，比較の例を挙げてみると――

| **2**―His salary was lower than **that** of his brother.* |

　a―〈彼の給料は，弟の給料より低かった。〉
　b―〈彼の給料は弟より低かった。〉

　しかし似たような現象は，別に比較の形式になっていなくても見られる。

| **3**―I wouldn't exchange the life I've had with **that** of any king in the world.* |

　a―〈これまで送ってきた生活を，世界中のどんな王様の生活とも取り代えたいとは思わない。〉
　b―〈これまでの生活を，世界中のどんな王様とだって取り代えたいとは思わない。〉

　次は **those** の場合。

| **4**―When she opened her mouth, she showed teeth that were pointed like **those** of a beast of prey. ―― Maugham, *The Mother*. |

　a―〈口をあけると，女の歯は猛獣の歯のようにとがっているのが見えた。〉

b─〈女が口をあけると，猛獣のようにとがった歯がむき出しになった。〉

今度は **ones** の例。

| 5─Every up train was full and most down **ones** were empty.* |

a─〈上りの列車はみな満員だったが，下りの列車はほとんど空だった。〉

b─〈上りの列車はどれも一杯だったが，下りはほとんどがガラガラだった。〉

以上挙げたどの例でも，**a** のやり方よりは **b** のアプローチのほうが，日本語として自然──つまり，日本語本来の発想にもっと近づいているのではないかと思う。実際，仕事をしていていつも経験することだが，最初に訳した時には原文に引きずられて，つい不要な要素まで訳文に持ちこみがちになるけれども，日本文として再吟味してみると，もっと思い切って切りつめられることが多いし，そのほうが余程スッキリすることが多い。要するに，言葉に全部表わさなくても，コンテキストが支えてくれる部分が意外に大きいということである。

そういうことを考えながら，最後にもう一つ例文をやってみよう。

| **6**─Representative government brings with it certain new dangers to democracy different from **those** which tyranny brought in ancient times.* |

a─〈議会政治は，　新しい危険を民主主義にもたらす。　古代

において，専制政治がもたらした危険とはちがう危険である。〉

これでは「危険」があまりに頻出しすぎるかもしれない。後の二つの「危険」のうち，どちらかを消すことはできないか。

b——〈議会政治は，民主主義にたいして，新しい危険をもたらす。古代の専制政治がもたらしたのとは，また別の危険である。〉

しかし，さらに考えてみると，「もたらす」を繰り返す必要もなさそうだ。

c——〈議会政治は，民主主義にたいして，ある種の危険をはらんでいる。古代の専制政治の場合とはまたちがった，新しいタイプの危険である。〉

さて，この章の教訓を，くどいようだがもう一度まとめ直しておくと——

（1）代名詞は，前後関係から見て，誤解を生んだり，曖昧さが生まれたりする惧れがない限り，訳文からはできるだけカットする。

（2）どうしても表に出さなくてはならぬ場合(つまり，さもなければ誤解の生じる余地のある場合)には，安易に「彼」とか「それ」とかするのではなく，むしろ元の名詞を繰り返したほうがよい。

以上の二点に要約できる。

わざわざこんなにクドクドと繰り返すのは，実際の翻訳作業

§12－名詞の反復を避けるためのthat, etc.

の場面になるとつい忘れがちなことなので、いくら念を押しても押しすぎることはないと思うからである。ちなみに別宮貞徳教授の『翻訳読本——初心者のための八章』(講談社現代新書)にも、特に「代名詞を削ろう」という一節が設けてあって(P. 66 以下)、多くの例文をそえて今いう原則が強調してある。この問題に限らず、例えばわれわれも次に扱う関係代名詞の処理にしても、非常に適切でおもしろい説明があって、ぜひ本書とあわせ読まれるとよいと思う。

〈練習問題〉

さて、しめくくりに練習問題をやってみよう。

> Here are couple of generalizations about England. One is that the English are not gifted artistically. They are not as musical as the Germans or Italians, painting and sculpture have never flourished in England as they have in France. Another is that the English are not intellectual. They have a horror of abstract thought, they feel no need for any philosophy or systematic "world view." Nor is this because they are "practical" as they are so fond of claiming for themselves. —— G. Orwell, *England, Your England*.

〔コメント〕

さかんに "they" が出てくるが、ほぼ一度も表に出さずに訳せると思う。最初の "generalizations" は、多少その内容をくだいて説明を加えたほうがいいかもしれない。それから最後の文章、"as they are fond..." は、後ろから訳しあげるのでは

なく，§1で強調した大原則によって，語順に従って訳しおろしてゆく配慮が必要だろう。

　試訳——〈英国の一般的特徴として，世間でよく言われることが二つある。第一は，イギリス人には芸術的才能がないということ。ドイツ人やイタリア人ほど音楽的才能に恵まれてもいなければ，絵画や彫刻にしても，フランスほどみごとに開花したことは一度もない。第二に，イギリス人は知的ではないという説。抽象的な思考にたいしては一種の恐怖すら抱き，哲学ないし組織的「世界観」などまったく必要を感じない。しかもその理由は，別に「現実的，実際的」だからというのでもない。イギリス人自身は，好んで「実際的」であると主張したがるけれども，実はそれが哲学嫌いの本当の理由ではないのである。〉

VI. 演習(2)——人称代名詞

　クドい上にもまたクドくなって恐縮だが，やはりここで代名詞の処理を演習しておこう。というのも，実際の翻訳の現場で出会う頻度がいちばん高いのは，なんといってもこの代名詞の処理であるからで，特に実践的訓練を主眼にした本書であってみれば，ここでこの問題の演習をやっておくのは，あながち余計なことでもあるまいと思う。例によって，バベル翻訳学院の受講生のみなさんの訳例に，コメントを加え，添削するという方法で進めてゆきたい。

> **1**—I suggest to you that the knowledge a novelist imparts is biased and thus unreliable, and it is better not to know a thing at all than to know it in a distorted fashion. If readers wish to inform themselves of the pressing problems of the day, they will do better to read, not novels but the books that specifically deal with them.

　冒頭の "I suggest to you" は，"I" と "you" という代名詞の扱いと同時に，この句全体をどう処理するか，工夫の必要なところだろう。それから，"inform themselves of ..." の再帰代名詞の問題がある。**他動詞＋再帰代名詞**という形式は，そのまま訳すと，普通の代名詞の直訳以上に落ちつかなくなってしまう。**自動詞のように訳すか**，あるいは**受身のように訳す**と，意外にう

まく処理できることが多い。その後の "they"(＝readers) "them"(＝problems)は，本文で説明した原則を応用すれば，比較的簡単に片がつくと思う。

　訳例①(A. N. さん)——〈(1)<u>私が言いたいのは</u>，小説家が与える知識というものは，片寄っていて，だから信用が置けない，それに，物事をゆがめられた形で知るよりは，まるっきり知らないほうが，(2)<u>まだましだということである</u>。もし読者が，現在さし迫った問題になっている事柄を知りたければ，小説ではなく，(3)<u>それ</u>を特に取りあげている本を読むにこしたことはない。〉

〔コメント〕

　（1）冒頭の "you" は，やはりこの訳例のとおり，省略したほうがいいと思う。もちろん，筆者が読者にむかって "you" と言っているわけだけれども，日本語の文章では，例えば多少ユーモラスなスタイル，ないしは，はっきりした語りかけの文体を取るならともかく，普通はこうした呼びかけ方はしない。

　（2）ただし，"I suggest to you that ..." が，文章の最後（"... distorted fashion."）までかかると解釈するにしても，訳文でもこれをそのまま，この訳例のように，「……ましだということである」まで引っぱってゆくのは，やはり具合が悪い。前半で（つまり，"... unreliable," で）いったん切ったほうがいいと思う。

　（3）"inform themselves" を，「知る」と自動詞で訳した点は結構。ただ，最後の "them" を「それ」としたのは，やはりあまりにも安易だと思う。

訳例②(A. K. さん)——〈(1)一応言っておいたほうがいいと思うが，(2)小説を読んで何かを知ろうとしても，ものの見方が片寄っていたりして当てにはならない。それに，(3)ゆがめられた形でものを知るよりは，何も知らないほうがまだましだと思う。その時々のさし迫った問題について知りたいと思うなら，小説(4)などではなく，(5)その問題を(6)明確に論じている本を読んだほうが，(7)読者は得るところがあるだろう。〉

〔コメント〕

なかなか工夫の見える訳文だ。

（１）「一応……」という訳，いろいろ考えた結果だろうということはよくわかる。しかし，少々持ってまわりすぎた言い方という気がしないでもない。

（２）「小説を読んで……」——この言い換えは大変いい発想だと思う。ただ，改めて読み返してみると，小説から得られる知識は片寄っている，という原文の意味あいが，結果的に曖昧になってしまっているのが惜しい。

（３）「ゆがめられた形」——訳例①でも，"distorted"という過去分詞を，そのまま受動態の形で訳してあったが，はたしてそんな必要があるかどうか。いずれ受身の問題を扱う時，もっと詳しく考えてみたいと思うが，結論だけ言ってしまえば，「ゆがんだ形」でいいのではないか。

（４）「小説など」——この「など」も大変いいと思う。こうした，細かなニュアンスを伝える小さな言葉を添えることで，作者が当の対象にたいしてどういう態度を取っているのか，読んでい

るほうによく伝わってきて，訳文が立ちあがってくる。

（5）「その問題」——単に「それ」とするより数段上。しかし「その」というのは，まだ少し固さが残るかもしれない。「そうした問題」とでもしてみては？

（6）「明確に」——これは誤訳に近い。"specifically"は，「特に」——ただ一般的にではなく，特にそうした問題を専門に扱っている本，ということ。

（7）「読者は」——これ自体としては別に問題はないのだけれども，改めて訳文を読み直してみると，原文の"readers"は，訳文ではいっそカットしたほうが，かえってすっきりするかもしれないと思う。

安西試訳——〈思うに，小説を読んで得られる知識などというものは，（作者の）偏見を帯びていることが多く，当てにならぬ場合が少なくない。ゆがんだ形で何かを知るよりは，いっそ何も知らないほうがむしろいいのではあるまいか。かりに例えば，現代の緊急の問題について知りたければ，小説など読むより，そうした問題を専門に論じた本を読んでみることだ。〉

2—A brave man is not the man who never fears, for there is no such man; he is the man who reacts against fear. And the difference between a brave man and a coward is simply this, that the one does, and the other does not, react.

前半の文章の真中にある"he"——これをただ「彼」と訳したのでは，日本語として，ほとんど意味が通じなくなってしまうだろう。これはやはり，前の章の最後で言った原則の（2）に従

って，元の名詞を繰り返してやらなければなるまい。後半の"the one"と"the other"も，ただ「一方」と「他方」では芸がない。

訳例①(R. M. さん)——〈勇敢な人というのは，こわがらない人のことではない。というのは，そんな人はいないからだ。(1)それは，恐怖心に反撥する人のことだ。勇敢な人と臆病者とのちがいは，ただ，(2)一方は反撥し，(3)他方は反撥しないというだけのことだ。〉

〔コメント〕

（１）「それは」—「彼」を「それ」に代えたのは確かに一つの工夫だろうが，どうせならもう一工夫ほしかった。

（２）（３）「一方」，「他方」—今も言ったとおり，やはりどうにかしたいところ。

訳例②(M. T. さん)——〈勇敢な人とは，(1)恐れない人の事ではない。そんな人はいないからだ。(2)勇敢な人とは，恐れにむかって反抗する人である。(3)勇敢な人と臆病者のちがいは，ただひとつ。(4)反抗するかしないかである。〉

〔コメント〕

ほぼこれでいいと思う。ただ——

（１）「恐れない人」というのは，なるほどそうにはちがいないのだけれども，どこか舌足らずな感じがしないでもない。「恐れを感じない人，恐れを知らぬ人」とでもしてみてはどうだろう。

（２）「勇敢な人」—"he"を元の名詞に戻した点，結構。

（３）「勇敢な人と臆病者」—"the one"，"the other"は，や

はりこうして，元の名詞の形で出してやったほうがよさそうだ。

（4）「反抗するかしないか」——このまとめ方も端的でいいと思う。

安西試訳──〈勇敢な人間とは，けっして恐怖を感じない者をいうのではない。そんな人間などどこにもいないからである。勇敢な人間とは，(たとえ恐怖は感じても，その)恐怖に立ち向かってゆく人にほかならない。勇敢な人間と臆病者のちがいはただ一つ，恐怖に立ち向かうか否かにつきるのである。〉

3—I have often noticed that when someone asks for you on the telephone and, finding you out, leaves a message begging you to call him up the moment you come in, and it's important, the matter is more often important to him than you. When it comes to making you a present or doing you a favor, most people are able to hold their impatience within reasonable bounds.*

この例題は，かなり手ごわい。英文としては，別にどうということもない文章だが，いざ明快な日本語に翻訳しようとしてみると，意外に手こずるのではあるまいか。最初の "I" は切れるとしても，次にさかんに出てくる "you" や "him" をどうするか。後で話法の問題を論じる際，また改めて考えてみることになるだろうが，こういうケースでは結局のところ，情況全体をよくつかんで，その関係を，日本語ではどう表現すればいちばん明確に再現できるか，いわば発想の再構成が必要になるかもしれない。要するに，"I" 自身が当事者としてこの情況に置か

れているものと想定し，直接話法的な発想を活かすことが有効だろう。

　訳例①（H. T. さん）——〈誰かが(1)あなたに電話をかける。そして(1)あなたが留守だと，帰り次第おり返し電話するよう(2)伝えて下さい，大切な用ですからと，電話を受けた人にことづてる。だがそれは，(1)あなたにとってよりむしろ，(3)電話をした当人にとって大切な用件であることがよくある。もし(4)それが，(5)人に贈り物をすることだったり，何か(6)してあげるといった用件だったら，たいていの人は，(7)留守なんだから仕方がないと，我慢して待てるものである。〉

〔コメント〕

　（1）「あなた」——以下，さかんに「あなた」が連発されるが，これではやはり，日本語としていかにもシラジラしい。何とかしたい。

　（2）「伝えて下さい」——さっきも触れたように，直接話法を持ちこんだのは大変に結構だと思う。しかしそれなら，いっそもう一歩踏みこんで，先程もいった情況の再構成ということを，この直接話法的な視点に立って，もっと徹底してみてはどうだろう。そうすれば，おのずから「あなた」も解決できることになるのではあるまいか。つまり全体を，「向う」（「先方」）から「こちら」に電話が来た，「向う」はこう言う，「こちら」はどう思う，といった形に捉え直してみるのである。

　（3）「電話をした当人」——"him"をこのような形で訳出した点は大いに結構。けれども，今もいう直接話法的な視点からす

れば，もう一歩推し進めて，「電話をかけてきた当人」としてみては？

（4）「それが」——何が？　やや曖昧。

（5）「人に」——原文は"you"で，これを「人」と一般化してしまうのは，先程からいう直接話法視点には逆行する。

（6）「してあげる」——同様の意味で，むしろ「してくれる」としてはどうだろう。

（7）「留守なんだから仕方がない」——"within　reasonable bounds."の所，なかなか訳出のむずかしい所だが，これは確かに一つの工夫だと思う。

訳例②(R. A. さん)——〈よく気がつくのだが，電話で誰かが会いたいと言って，留守とわかると，いつ帰ってくるのか，その時は電話してくれと伝言を残して(1)いる，そんな時は，(2)重要なことで，こちらよりも，その人にとって重要なことがよくある。プレゼントをするためとか，好意を(3)示されるなどの場合は，人はたいてい，(4)理にかなった範囲で，辛抱できるものだ。〉

〔コメント〕

（1）「残している」——この語尾はよくわからない。次の「そんな時」につづけるつもりなのかもしれないけれども，それにしても，どうもはっきりしない。

（2）「重要なことで」——これは，相手の言ったことの中にふくまれているのだから，こういう形でこの位置に置くのはまずい。

（3）「示される」——この訳文のままだと，辛抱する当の「人」

が，誰かほかの人に好意を示されるという意味になってしまう。これでは，もちろん逆である。ここで言っているのは，向うがこっちに好意を示して**くれる**ケースだ。

（4）「理にかなった範囲で」―そうにはちがいないのだけれども，これではやはり，いかにも舌足らずではないか。

安西試訳――〈よく経験することだが，誰かが電話をかけてきて，こちらが留守だとわかると，それならお伝え下さいますか，お帰りしだい，至急お電話いただきたい，重要な話ですから，などという。だが実は，重要というのは先方にとっての話であって，こちらには別に重要でもなんでもないことがよくあるものだ。これがかりに，プレゼントをくれるとか，なにか有難いことでもしてくれるという場合なら，そう無闇にジリジリしないで，大抵はおとなしく待っていてくれるはずなのだが。〉

VII. 関係代名詞をどうするか──
代名詞(2)

　さてこの章では，いよいよ最大の厄介者，関係代名詞の問題を片づけておかなくてはならない。

　多少でも翻訳を試みたことのある人なら，誰しもかならず思いあたることだろうが，この関係代名詞という代物，いちばんの難物の一つである。英文和訳の原則からすれば，関係代名詞のみちびく節を，そのまま先行詞の前に持ってくればコトは終るはずだけれども，しかしこれでは，日本語として，ほとんど理解不可能な文章になってしまうことも少なくない。

　例えば次のような文章を，読者ならいったいどう処理なさるだろうか。

> Let us not neglect as we grow older the pleasure of re-reading books **which** we remember we liked when we were young, but **which** we have mostly forgotten and **which** we should like to read again.*

　英文和訳の原則に忠実に従って訳すとしたら，ほぼ次のようなことになるだろうか。

　〈齢を取るにつれて，若かった時に好きだったと覚えている，しかしほとんどは忘れており，そしてもう一度読んでみたい書物をもう一度読むたのしみを大切にしよう。〉

　あるいはこんな例はどうだろう。

§13―接続詞を補う

There are plenty of races at the present day **who** have fully developed languages in **which** they can express everything **that** is in their mind, but **who** have no system of writing.*

〈現在，心にあるすべてのことを表現できる十分に発達した言語をもってはいるが，書く組織をもたない多くの種族がある。〉

こういう難題をどう処理して，いかにして平明達意の訳文に仕上げるか，そのノウハウを組織化するのはそう簡単なことではないが，何とかそれに挑戦してみようというのがこの章の狙いである。

【§13—接続詞を補う】　その手がかりとして，まず「非限定用法」(non-restrictive use)，あるいは「継続用法」ないし「追叙用法」(continuative use) の場合を検討してみるのが便利ではないかと思う。というのも，言うまでもなく関係代名詞は，接続詞と代名詞の働きを兼ねたものだが，非限定用法の場合，その接続詞の働きをよく観察できるからである。そしてこの観察の結果，限定用法の訳し方にも，おのずと有力なヒントが得られるにちがいない。

江川さんの『英文法解説』には，§45 にこの点がよく説明してあって，「追叙用法の関係代名詞の表わす気持は前後関係によってさまざまだから，正しくこれを理解するようにつとめたい。以下，代表的な例を示そう」として，次のような例文と解説，訳例が挙げてある。

I followed him down the corridor, at the end of **which** (= *and* at its end) was the manager's room.*

〈廊下をついて行くと，突き当りに支配人室があった。〉

I gave him a warning, to **which** he turned a deaf ear (= *but* he turned a deaf ear to it).*

〈警告を与えたが，彼は耳を貸さなかった。〉

Lying is a great sin against God, **who** (= *for* he) gave us a tongue to speak truth and not falsehood.*

〈うそをつくことは神に対する大きな罪である。というわけは，神は真実を語るために人間に舌を与えたので，うそをつくためではないのだから。〉

The man, **who** (= *though* he) was far from well off, remained quite contented.*

〈その人は裕福どころではなかったが，けっこう満足していた。〉

さて，限定用法の場合にも，非限定用法の時ほど明確ではないにしても，以上の例で観察したところを応用して，**適当な接続詞を補って理解すれば，楽に訳せるケース**がある（ただしこの場合，非限定用法の時とちがって，かならずしも前から順に訳しおろしてはゆけないことは言うまでもない。）

例えば——

1—She solved in five minutes a problem **that** I had struggled with for two hours.*

江川さんはこれを,「ぼくが2時間も苦しんだ問題を,彼女は5分で解いた」と訳しておられるが(そして,関係代名詞の導く節の長さがこの程度であれば,このようにして格別不都合ではないけれども),しかし,先ほどの諸例を参考にすれば,次のように考えてみることもできるのではあるまいか。

=She solved the problem in five minutes, *although* I had struggled with it for two hours.

そこで——

〈問題を解くのに私は2時間も苦しんだが,彼女は5分で片づけてしまった。〉

以下,いくつか同様の例を挙げてみる。

2—A man **who** (=*if* he) recognizes no higher logic than that of the dollar may become a rich man, yet remains a poor creature all his life.*

〈金のことしか考えなければ,金持にはなれるかもしれないが,生涯みじめに過すほかあるまい。〉(ちなみに,先程名詞の演習の2でやったのは,まさしくこのタイプだったわけだ)

3—The police immediately acted upon the information **that** they received (=*when* they received it).*

〈警察は情報を受けると,ただちにこれにもとづいて行動した。〉

4—A professional wine-taster does not swallow the samples **that** he tastes.*

これなど,「味をみる見本を飲みこまない」としたのでは,意味はかならずしもはっきりしなくなってしまう。＝when he tastes them と考えなおして──

〈きき酒の専門家は,味を見る時,見本(の酒)を飲みこんでしまわない。〉

といった形にしてみてはどうだろうか。

特に接続詞を読みこんでやることが不可欠なのは,関係代名詞の節に仮定法がふくまれている場合で,この時は,かならず if を使って読みかえることが必要である。

5─Any boy **who** should do that (= *if* he should do that) would be sneered at.*

〈どんな子にしろ,そんなことをすれば,きっと笑い者になるだろう。〉

6─The world **which** would emerge from a nuclear war would not be such as is desired by either Moscow or Washington.*

これも例えば──

Even if the world should emerge from a nuclear war, it would not... といった形で理解して──

〈かりに世界が核戦争を生きのびたとしても,その時世界は,もはやソ連にしろアメリカ政府にしろ,手に入れたいと思うような状態にはないだろう。〉

【§14─いったん切る】　さて,関係代名詞という難物を料理する

方法として，第二に挙げておくべきだろうと思うのは，要するにいったん切ってしまうという方法である。

例えば——

1 —And then I heard a bell **whose** every vibration found an echo in my innermost heart.*

これを後ろから前に訳しあげていったのでは，何だか訳のわからぬ訳文になりそうだ。例えばこんなふうである。

〈その時，そのひびきの一つ一つが胸の奥底にこだまを呼び起こす鐘の音が聞こえた。〉

そこで，whose の前にあたかもコンマがあるかのように考えて——

〈その時，鐘の音が聞こえてきた。そのひびきの一つ一つが，胸の奥底にこだまを呼び起こすのであった。〉

同様に考えて——

2 —She has an adopted child **who** she says was an orphan.*

〈彼女には養子がいる。彼女の言葉によると孤児だったのだという。〉

3 —It was three miles from a little town the name of **which** I have forgotten. ——Maugham, *The Razor's Edge*.

〈そこは，ある小さな町から3マイルほどの所にあった。ただ，その町の名前は，今はもう思い出せない。〉

以上のような例の場合，一応「限定用法」ではあるけれど，いったん切っても，意味上ほとんど相違はない。つまり，非限定

用法と考えてもほとんど違いはないと言っていい（どの場合にも，先行詞に不定冠詞がついていることにも注意）。

ちなみに現代英語では，意味上は明らかに非限定用法でありながら，コンマの打ってない例はかならずしもめずらしくないことを付け加えておきたい。例えば次のような例を参照してみていただきたい。

The Inspector gives him a sharp look of disapproval **which** quietens him.——A.Christie, *The Unexpected Guest.*

He offers the gun back to the Inspector **who** takes it.——*ibid.*

My acquaintance pulled a small bottle of vodka from his pocket **which** he invited me to share.——Maugham, *The Dream.*

こういう場合は，関係代名詞の前でいったん切っても一向に差支えない——というより，切らないと奇妙なことになってしまう。

けれども，明らかな限定用法の場合であっても，ともかくまずいったん切って，**後から説明をつけ加える**という工夫が有効な例は非常に多い。

例えば——

4——Paul Barton was the young American **whom** Elliot had introduced into London society.——Maugham, *The Razor's Edge.*

これを——

〈ポール・バートンは，かつてエリオットがロンドンの社交

界に入れてやった若いアメリカ人だった。〉

とするよりも――

〈ポール・バートンというのは若いアメリカ人で,かつてエリオットがロンドンの社交界に入れてやった男であった。〉

とでもしてやったほうが,少なくとも日本語として通りがいいのではないだろうか。

あるいは,次のような例ならどうだろう。

5―Every country has its heroes **whom** it honors throughout its history.*

〈どこの国にも,国民的英雄というものがある。その国の歴史を通じて,常に尊敬の的とされる英雄である。〉

なるほどこんな工夫をしてみても,「……とされる英雄である」という表現は,関係代名詞の節を後ろから訳しあげたのと,形の上では変りはないように見えるかもしれない。しかし,やはり大いに違う点がある。というのは,とにかくまず,「国民的英雄というものがある」という所までで一応の意味のまとまりをつけてあるから,読者は安心して次に読み進むことができるのだ。これを,かりに次のような訳例と比較してみていただければ,今述べた工夫の効果はおのずから理解していただけるのではないかと思う。

〈どの国にも,その歴史を通じて,常に尊敬の的とされる英雄というものがある。〉

これでは読者は,文章が終るまで意味が終結せず,宙ぶらり

んの形で待っていなければならないことになる。

　なるほど，先程§13の1でもちょっと触れたとおり，関係代名詞の導く節がこの程度の長さしかない場合なら，これでも特に不都合はないかもしれない。しかし，もしこれ以上長くなった場合には，宙ぶらりんでいなければならない時間は，もう我慢の限界を越えてしまう危険が十二分にある。

〈練習問題〉

　関係代名詞については，まだまだ論じておきたいことはあるのだが，長くなるから，また章を改めて考えてみることにして，ここで一つ，練習問題をやってみておくことにしよう。この章の最初に出した例文を，今やった方法を応用して訳してみるとどうなるか。

> Let us not neglect as we grow older the pleasure of re-reading books which we remember we liked when we were young, but which we have mostly forgotten and which we should like to read again.

〔コメント〕

　この問題には，どうやら§14でやった **いったん切る** という方法が使えそうである。つまり" ... re-reading books"までで，ともかく一度切ってみるのだ。

　〈齢を取るにつれて，昔読んだ本をもう一度読み返してみる楽しみを大切にしたいものである。若い頃に好きだったことだけは覚えていても，内容はほとんど忘れてしまっていて，

もう一度読んでみたいと思っているような，そんな本を読み返すことにはまた格別の楽しみがあるものだ。〉

さて，この章で考えてみたことを**まとめ**ておくと，関係代名詞を料理する方法として──
（1）接続詞を補ってみる
（2）いったん切る
という二つの工夫を御紹介したのだけれども，しかし，なにせ難物の関係代名詞というヤツ，とてもこの二つで，すべて片がつくというほど生易しい代物ではない。例えば次のような場合など，今いう二つの工夫をどうコネまわしてみても，ちょっと歯が立たないのではあるまいか。

> This is one of the few really good books **that** have been published on this subject.

次のような例ともなるとなおさらだろう。

> Television has not yet been applied to all the uses **which** will be found for it.

次の章では，こうした例を材料にして，関係代名詞の攻略法をさらに考えてみることにしたい。

VIII. 関係代名詞をどうするか（続）
——代名詞(3)

【§15—分解する】　まず，前の章の最後に出しておいた例文にアタックしてみよう。

> 1—This is one of the few really good books **that** have been published on this subject.*

英文としては，別にタチが悪いのでも難物でもない。むしろよく出会うタイプの，ごく普通の文章だ。しかし，いざ訳そうとしてみると，実はなかなか厄介な代物であることを思い知る。

　a—〈これは，この問題について出版されている少数の本当によい本の一つである。〉

といった訳文では，誤訳ではないにしても，文字どおり拙訳の見本になってしまうだろう。かといって，§13や§14の戦法で切り抜けようとしてみても，ちょっと手の施しようがない。

　私はこういう場合，仕方がないから，思いきって**原文を分解し，それから日本文に移す**という（苦しまぎれの）便法を取っている。つまり，まず，例えば——

> Only a very few really good books have been published on this subject, and this is one of them.

といった形に分解し，しかるのち——

b―〈この問題については，本当にすぐれた書物はごく僅かしか出ていないが，本書はそのうちの一冊である。〉

といった訳文にまとめるのである。たしかに苦しまぎれの便法にすぎないことは認めるが，私自身の経験からすると，こんなふうにでも逃げるよりほかに方法がない。少なくとも，**a** よりはこのほうが less clumsy な訳文とは言えるのではないか。

同じような例を，あと二つばかり練習してみよう。まず **a** で「直訳」し，それから **b** では，今述べた工夫を施して訳してみる。

2―He is one of those people **who** believe in the perfectibility of man.*

a―〈彼は，人間を完成させることができると信じている人の一人である。〉

b―〈世の中には，人間を完成させることは可能だと信じている人々がいる。彼も，実はそうした信念の持主なのだ。〉

3―In his life Lincoln was a great American. He is no longer so. He is one of those giant figures, of **whom** there are very few in history, **who** lose their nationality in death.*

a―〈生前，リンカーンは偉大なアメリカ人だった。しかし今や，彼はもう単なる偉大なアメリカ人ではない。歴史上，ごく少数ではあるが，死後，国籍を失う巨大な人物の一人なのである。〉

b―〈生前のリンカーンは，一アメリカの偉人にすぎなかった。だが今や，リンカーンは単なるアメリカの偉人というに

とどまらない。歴史上，こうした例はごく僅かしかないけれども，死後，国籍を超越してしまう巨大な人物というものがあるものだ。リンカーンも，まさしくそうした巨人の一人なのである。〉

次の例は，今までとはやや様子がちがって，what という関係代名詞(これもまた難物)がシャクの種になっているが，やはり分解という手を使うしかあるまい。

> **4**—It is something I always notice when I take groups of Japanese teachers and students on **what** I call "literary and historical tours of the British Isles."—— P. Milward, *Culture in Words.*

このまま英文解釈式に訳したのでは，ちょっと収拾のつかないことになってしまう。例えば，まあ，こんなことにでもなるだろうか。

a—〈それは，私が「イギリス諸島の文学的，歴史的旅」と呼んでいるところのものに，日本人の先生と学生のグループを連れて行く時いつでも気づくことである。〉

いくら何でも，これではやはりどうしようもない。そこで，まず頭を冷やしてこの文章の内容を吟味してみると，ここには結局，三つの要素が詰め込まれていることがわかる。

1) I take groups of Japanese teachers and students on tours of the British Isles.

2) I call these tours "literary and historical tours of the British Isles."

3) It is something I always notice (when I take them) on these tours.

まずこう分解しておいてから，これを訳文にまとめ直してゆくならば——

b—〈私はよく，日本人の先生がたや学生の団体を連れてイギリスのツアーに出かける。私はこれを，「イギリス諸島・文学と歴史の旅」と呼んでいるのだが，こうした旅行の際，いつでも気のつくことがある。〉

あるいは——

c—〈私はよく，「イギリスの文学と歴史をたずねて」と銘うって，日本人の先生がたや学生の団体を連れて英国旅行に出るのだが，そんな時，いつでも気のつくことがある。〉

【§16—解体する】 さて，今の4の例などは，分解するというよりも，さらに一歩推し進めて，英文を一度バラバラに「解体」し，それをまとめ直すという，いささか思いきった手段に訴えていると言うべきだろうが，実際，関係代名詞の構文がややこしくなり，どうにも手の打ちようがない時は，いよいよこの奥の手を使わざるをえなくなる。前章の最後に出したもう一つの例文などは，まさしくこうした場合に当たるだろう。

1—Television has not yet been applied to all the uses **which** will be found for it.*

「そんな卑怯な手を使うのはいやだ，正々堂々と訳したい」とおっしゃる読者がもしあれば，試みにやってみていただきたい。

a——〈テレビはまだ，将来そのために発見されるであろうすべての用途に応用されてはいない。〉

というようなことになるだろうが，しかしこれでは，ほぼ完全に意味不明の訳文になりおおせていると言えるのではあるまいか。ここはやはり，一度英文の内容をバラバラに解体して，その内容を改めて日本文に再構成するより手はあるまい。

　　b——〈テレビは，現在も多くの用途に用いられてはいるけれども，将来はまだまだほかに応用範囲が見つかるだろう。〉

あるいはもっと思い切って——

　　c——〈テレビの応用範囲は，現在の用途以外にも，将来まだまだ見つかるはずだ。〉

「解体」作業の必要な例を，あといくつか挙げてみると——

2——There is nothing of **which** we are apt to be so wasteful as of time, and about **which** we ought to be more careful.*

　この例文にたいする江川さんの訳は，さすがにみごとだ。〈時間ほど浪費しがちなものはないし，時間ほど気をつけなければならないものはない。〉

3——There is something solemn and awful in the thought that there is not an act done or a word uttered by a human being **but** carries with it a train of consequences, the end of **which** we may never trace.*

　これも江川さんの挙げておられる例文だが，これはなかなかに難しい。第一，英文解釈的に意味を取ること自体，多少の難しさがあるかもしれない。ちなみに江川さんの訳文を引用して

みると——

　a—〈人間の行なう一つの行為あるいは発する一つのことばのどれをとってみても，その窮極を見極められないほどの結果をつぎつぎに生んでいかないものはないと思うと，何だか厳粛な，恐ろしいような感じがしてくる。〉

　江川さんの本では，この例文は英文和訳の練習問題として挙げてあるので，だから江川さんの訳文も，あくまでその解答として書かれているわけだが，われわれのように翻訳の技術という目的からすると，おのずからまた別の配慮が必要になってくる。その意味からすると，例えば次のような工夫を施してみることもできるかもしれない。

　b—〈考えてみれば空恐ろしいことである。襟を正さずにはいられない。人間の行なう行為にしろ，人間の発する言葉にしろ（どんな行為を行なおうと，どんな言葉を発しようと），かならずつぎつぎに結果を生み，しかもわれわれには，その最後まで見とどけることはできぬのだ。〉

　最後にもう一つ，短い例（しかし，けっして易しくはない例）を挙げておこう。

4 —Fortunately she lost interest in a thing with the same suddenness with **which** she hankered for it. ——Maugham, *Neil MacAdam.*

　直接手をつけようとしてみても，おそらく手のつけようがない。やはり例えば——

She hankered for a thing suddenly, but fortunately she lost

interest in it with the same suddenness.

といった形に解体(ないし分解)してから——

〈その女は,突然なにかに夢中になるのだったが,幸いなことに,興味を失うのも同様に突然だった。〉

　以上,二つの章に分けて,関係代名詞の攻略法を考えてみたわけだが,要するに,日本語には関係代名詞というものがそもそも存在しないのだから,今までお話してきた§13から§16までの方法を(そして多分,それ以外の便法を編み出す必要も生じるだろうが),臨機応変,相手に応じて使いわけ,なんとか「読める」日本語に移しかえる工夫をしなければならないということだ。翻訳という作業には,これ一つさえ知っていれば,どんな場合もその手で切り抜けられるというような,そんな万能の妙手などはありえない。

〈練習問題〉

　ところで前々章,関係代名詞に入った最初の所で出した例文のうち,まだ片づけてない文章が一つだけ残ってしまった。最後に,これを練習問題として片づけておくことにしよう。

> There are plenty of races at the present day who have fully developed languages in which they can express everything that is in their mind, but who have no system of writing.

　これにも「いったん切る」という手法が使えなくもない。つまり——

a─〈今日でも，次のような種族は少なくない。つまり，十分に発達した言語をもち，心の中で考えていることは残らず表現できるけれども，表記法はもっていない種族である。〉

　しかし「次のような種族」といった切り抜け方は，いかにも苦しい手の内をさらけ出すようで味気ない。むしろ多分，§16の「解体」の手法を使ったほうが，もう少しうまくゆくのではあるまいか。つまり，要するに関係代名詞を外してしまうのだ。

　b─〈今日でも多くの種族は，十分に発達した言語をもち，考えることはすべて表現できるのに，文字はもっていないのである。〉

　あるいはまた，さらに§15の「分解」の手法をこれに加味して，こんな訳文を試みることもできるかもしれない。

　c─〈ある種の種族は，十分に発達した言語をもち，考えることはすべて口頭では表現できるにもかかわらず，表記のシステムだけはもっていない。しかもこうした種族の数は，今日でもけっして少なくはないのである。〉

　結局，最終的には，やはりcがいちばん完成度の高い訳例ということになるだろう。これを取りたい。

　ただ，読者もすでにお気づきのことと思うが，内容がスラスラ頭に入ってくる訳文を工夫していると，どうしても訳文が長くなってしまう傾向がある。これはある程度は避けがたいことであり，ある意味ではむしろ望ましいことでさえある。日本語には，もともと関係代名詞というものが存在しない。だから，原文の関係代名詞節を，そのまま長い連体修飾語句として名詞

の前につないだのでは，日本語として，非常にわかりにくいものにならざるをえない。つまり，原文の難易度と比較して，訳文の難易度が非常に高くなってしまう。同じ難易度のレヴェルを保とうとすれば，原文をいろいろの形でパラフレーズし，多少の重複を加えざるをえないのである。

　情報論の用語でいうと，これは"redundancy"の問題——つまり，ある一定量の語数に，どの程度の情報量がふくまれているかという，そのレヴェルの問題で，関係代名詞に限らず，一般に翻訳を情報理論の立場から分析すると，「すぐれた翻訳は原文より長くなければならない」という原則が認められている。ここでこの問題にこれ以上深入りしている余裕はないが，例えば前にも援用したナイダの『翻訳の理論と実際』，213-14ページなどを御参照いただきたい。

　ここでこの問題を持ち出したのは，要するに，実践的な立場からして，訳文が原文より長くなることは気にしなくてよい，むしろそれが当然であり，必要でさえあるということを，念のために確認しておきたかったまでのことである。

練習問題

IX. 演習(3)——関係代名詞

　さて，相手はなにせ名うての難敵，関係代名詞である。ここでぜひとも演習をやって，今まで習いおぼえた秘伝の戦術を実地に応用してみなければなるまい。読者の方々も，とにかくまず御自分で訳文を書いてみていただきたい。「安西試訳」なんていったって，ナンダ，大したことないじゃないか。オレのほうが数段うまいぞ——読者の方々にそう言っていただけるようなら，筆者としては望外の幸せというものである。

> **1**—Invention, strictly speaking, is little more than a new combination of those images which have been previously gathered and deposited in the memory. Nothing can be made of nothing; he who has laid up no materials can produce no combinations.

　訳例①(S. A. さん)——〈発明とは，厳密に定義すれば，(1)記憶の中に前もって集積しておいたイメージを，(2)改めて新しく組み合わせたものにすぎない。無から(3)生じた物はひとつもないのである。(4)もととなる物を貯えてない人間からは，(5)しょせん，新しい組み合わせが生まれてこない。〉

〔コメント〕

　（1）「記憶の中に……イメージ」—せっかく関係代名詞の演習をやっているのだから，やはり何とか一工夫のほしいところだ。しかし，さて，どういう手が使えるだろう。今まで検討し

てきた四つの戦法が，どれか一つぐらいは生かせるのではあるまいか。

（2）「改めて……組み合わせたもの」—"a new combination"をそのまま名詞に訳すのではなく，一度「組みあわせる」という動詞に読みほどいてある点は，名詞の項でやった練習が生かされていて，うれしい。

（3）「生じた」—これはやがて受動態の項でやることだが，形にこだわって受身に訳すのではなく，能動に置きかえた工夫は買える。

（4）「もととなる……人間」—ここもやはり工夫がほしい。例えば§13の2("A man who recognizes no higher logic...")，あるいは5("Any boy who should do that...")などが参考になると思うのだが。

（5）「しょせん」—原文にはこれに相当する語句はどこにも見つからないけれども，原文全体の言わんとするところを一層的確に表現する方法として，むしろ褒めていい工夫ではないかと思う。

　　訳例②（E. T. さん）——〈厳密に言えば，(1)創造とは，(2)前もって寄せ集め記憶にとどめておいたイメージを，あらたに組み合わせることでしかない。無からは何も(3)作り出せないのだ。(4)資料を貯えていなければ，どんな組み合わせも生み出せはしないのである。〉

〔コメント〕

（1）「創造」—原文はもちろん"Invention"で，英和辞典では

普通「発明」という訳語を当てている。しかし最後のほうに"make"とか"produce"とかいう言葉が出てくるところを見ると，むしろこの訳例のほうがいいかもしれないとわかるはずだ。そして実際，例えば *Random House Dict.* を調べてみると，"the act or an instance of producing or creating by exercise of the imagination" という説明が出てくる。今の場合がまさにこれだろう。固定した訳語にこだわらぬこと。これも翻訳上，非常に大事な教訓の一つである。

　（２）「前もって……イメージ」―訳例①と同じで，できれば何とかしてみたい。いっそ思いきって，一度切ってみてはどうだろうか。

　（３）「作り出せない」―能動に言い換えた工夫，結構。①よりさらにうまくいっていると思う。

　（４）「資料を貯えていなければ」―大いに結構。①のコメント（４）で言った応用がみごとにできている。ただし，「資料」という訳語はかならずしも感心しない。これではまるで，書類とか書物をさしているように聞こえかねない。

　安西試訳――〈厳密に言えば，創造とは（無から有を生ずることではなく，実は）古いイメージを新しく組み合わせることでしかない。つまり，今まで記憶の中に寄せ集め，貯えておいたイメージを，あらたに組み変えることが創造なのである。無からは無しか生まれない。元になる材料を積み重ねていなければ，そもそも組み合わせようがないのである。〉

2—The arts by which primitive folk commemorated and transmitted their customs and institutions, arts that were communal, are the sources out of which all fine arts have developed. The patterns that were characteristic of weapons, baskets and jars were the marks of tribal union.——John Dewey, *Art and Civilization*.

　この問題は **1** より大分むつかしい。大体，関係代名詞の前に前置詞のついた形というのは厄介なものだが，ここにはそれが二つも出てくる。多分，いったん切るという戦法だけでは切り抜けられないだろう。分解，さらには解体という作業が必要なところではあるまいか。

　訳例①(M. M. さん)——〈未開人たちが，自分たちの風俗や慣習を (1)記念物の形にしたり，(2)言葉にして伝えたりした (3)芸術は，生活共同体全体がこしらえあげた (4)芸術である。(5)このような芸術が源泉となって，そこから，美術の全ジャンルが出発し発展していった。武器や籠や壺に (6)よく描かれている文様は，部族の団結の象徴だったのである。〉

〔コメント〕

　（1）「記念物の形にしたり」—"commemorate" という単語はなかなか訳しにくいケースがあるが，例えば *COD* の "preserve in memory by some celebration" という説明などをよく汲み取って移しかえてみるといい。

　（2）「言葉にして伝えたり」—ここでは「芸術」（むしろ正確には「美術」）のことを言っているのだから，「言葉にして」という

のはまずいだろう。

（3）（4）「芸術」——コメントしたい点が二つある。第一は，今も述べたとおり，英語で arts といえば，次に "fine arts" とあるところからもわかるように，普通は「美術」をさすということ。第二に，関係代名詞の処理の仕方として，なんとか後から訳し戻す直訳式は避けられないかということ。

（5）「このような……そこから」——この処理にはなかなか工夫が見える。いったん切るという技法を応用してあるわけだ。

（6）「よく描かれている文様」——関係代名詞の扱い方に関しては，この程度の長さであれば，後から訳し戻してもさほど実害はないかもしれない。それよりむしろ，「よく描かれている」という表現のほうが問題である。多分ここで言っている内容は，「それぞれの部族特有の文様」ということだろうと思うが，上の訳では，この意味あいがかならずしも十分に出てないのではないか。

訳例②（Y.T. さん）——〈風俗や慣習を (1)祝い (2)伝承させた原始人の手になる芸術，つまり共同社会の中から生まれた芸術が (3)起源となって， (4)洗練されたありとあらゆる芸術が発展をとげてきたのである。武器，籠，壺などの (5)独特の様式は，部族間の (6)共同作品として生まれたものだった。〉

〔コメント〕

（1）「祝い」——"commemorated" の訳，やはりまだもう一つものたりない。

（2）「伝承させた」—"by which..."という関係代名詞節の処理，これももう一息。やはり思い切って分解するしかあるまい。

（3）「起源となって」—訳例①の(5)と同じように，これもうまい工夫だと思う。分解ないし解体の手法の応用である。ただ，一つの文句をつけるとすれば，この訳文では，今日の発展した美術のほうに力点がかかってしまうという難点がなくもない。しかし原文は，あくまで未開人の美術のことを中心に述べているのであって，この点，さらにもう一段の工夫が必要かもしれない。

（4）「洗練された」—これは誤訳に近いだろう。やはり"fine arts"は「美術」の意味ではないか。

（5）「独特の様式」—これは訳例①の，単に「描かれた」よりは工夫が見える。ただし"patterns"の訳として，「様式」はかならずしも適当ではないだろうが。

（6）「共同作品として……」—これは明らかな誤解だ。

安西試訳——〈未開人は，部族の習俗や慣行を共に祝うことによって記憶をあらたにし，次代へと受け継いでゆくにあたって美術を用いた。こうした共同体的な美術こそが，その後のあらゆる美術の起源となったのである。彼らは武器や籠，あるいは壺に部族特有の文様を描いたけれども，この文様は，部族の一体感を象徴する印だったのである。〉

3 ― The only advice that one person can give another about reading is to take no advice, to follow your own instincts, to use your own reason, to come to your own conclusions. If this is agreed between us, then I feel at liberty to put forward a few ideas and suggestions because you will not allow them to fetter that independence which is the most important quality that a reader can possess.

訳例①(R. M. さん)――〈読書について他人に助言できることがある (1)とすれば，それは他人の助言を受けないこと，自分自身の直観に従うこと，自分自身の判断力を用いること，自分自身の結論を出すこと，(2)である。この点について，(3)私たちの間で (4)合意が達せられるなら，あとは，気ままに，私の考えや提案やらについて述べられると思う。(5)そうでないと，読者のもっとも大切な資質である (6)そういった自立性が，私の考え方で左右されることになるだろう。〉

〔コメント〕

（1）「とすれば」――これは結局，"The only advice"という無生物主語の扱い方の問題になると思うが（§9参照），あたかも"If"という接続詞があるかのような処理は，なかなかうまい。

（2）「……である」――確かに原文では，"to take no advice"以下，"is"の補語として不定詞が列挙されているけれども，日本語でもそのまま，最後にやっと「……である」を持ってきたのでは，文章として非常に坐りが悪くなってしまう。それに第一，"to take no advice"と，それ以後の不定詞で言っている内容とをよく考えてみると，「他人の忠告など聞かない」ことが全体

のまとめで，後はその中身を具体的に展開しているのだという関係が読み取れるはずである。要するに，だから，まず"to take no advice"でいったん切ったほうがいいのではないか。

（３）「私たちの間」といきなり言われても，誰のことを言っているのか，いささか唐突すぎるのではないか。こういう代名詞の処理については，演習(2)でやったこと——特に1や3の"I"や"you"の扱い方をもう一度見ていただきたい。

（４）「合意が達せられる」——こんなにシャチコばった言い方をしなくてもいいだろう。

（５）「そうでないと」——"because"以下を，発想を転換して言い換えたのは一つの工夫だと思う。しかし，はたしてこの場合，そんなにいじる必要があるかどうか。

（６）「そういった」——原文の"*that* independence"は，先行詞を明示，強調するためで，殊さら「そういった」という訳は必要ではない。第一，いきなり「そういった」と言われても，いったい「どういった」自立性か，すぐにはピンと来ないだろう。

訳例②(A.I.さん)——〈読書について他人に与えられる助言とは，(1)<u>助言しないこと</u>であり，自身の直感に従い，自身の(2)<u>理性を行使し</u>，自分の結論に達するということである。これを(3)<u>お互いに</u>(4)<u>了解</u>した上であれば，いくつかの(5)<u>観念</u>や主張を提案しても，(6)<u>自由に感じる</u>ことができる。というのは，読者にとってもっとも大切な自立心の束縛は(7)<u>許されない</u>から。〉

〔コメント〕
（1）「助言しないこと」——これでは誤訳になってしまう。
（2）「理性を行使し」——哲学の論文か何かならいざしらず，普通の日本語として，こんな表現があるのだろうか。
（3）「お互いに」——「われわれの間で」よりは工夫が見えるかもしれない。
（4）「了解」——これもいい。
（5）「観念」——もちろん "ideas" の訳だけれども，あまりにも機械的ではないか。後の "suggestions" と並んでいるのだから，「考え方」とか，「意見」とかいう意味だと理解すべきだろう。
（6）「自由に感じる」——原文は "put forward" するのに自由，ということ。つまり，「自由に提出できると思う」ということ。
（7）「許されない」——この部分，原文の意味がよく取れていないようだ(特に "allow" の使い方)。

安西試訳——〈読書について，人に忠告できることがあるとすれば，人の忠告など聞くなというに尽きる。自分の直観に従い，みずからの頭を働かせて，自分なりの結論を出すべきだ。この点を認めていただいた上でなら，私としても多少は自由に，私なりの意見やサジェッションをすることもできる。というのも，それなら読者の方々も，私の意見が邪魔になって，自由な判断を失うなどということもあるまいからだ。そしてこの自由な判断というものこそ，読書にあたって，（今もいうとおり）何より重要な点にほかならぬのである。〉

X. 述語的に訳すべき場合──形容詞・副詞(1)

　さてこの章では，形容詞と副詞である。両方をまとめて扱ったほうが便利だろうと思うが，比較とか否定とか，意外に厄介な問題点が多い。比較はまた後にまわすとして，この章ではまず，**述語的に訳したほうがよい形容詞・副詞**について考えてみることにしよう。

【§17 A─No】いちばんはっきりしているのは，no の場合だろう。例えば──

| 1─**No** nation lives entirely isolated from others.* |

　この "no" を，そのまま形容詞に訳し出そうとしてみてもどうにもならない。日本語には，そもそもそういう表現の仕方がないからである。どうしても──

　　〈ほかの国から完全に孤立している国はない。〉

とか──

　　〈どんな国家にしろ，ほかの国からまったく孤立して生きてゆけるものではない〉。

とか，述語を否定する形でしか訳せない。

　主語ではなく，目的語に no がついている場合ももちろん同様で，例えば──

| 2—I can recall **no** bad spring from my childhood.*

〈子供の頃，いやな春を過ごしたという思い出はまったくない。〉

主語や目的語に nothing が使われている時も，言うまでもなく同じである (nothing はもちろん形容詞ではないけれども，便宜上ここで触れておくことにする)。

| 3—A pet theory of mine is that things should be seen from a distance. For **nothing** is so beautiful that it does not betray any defect on close inspection.

〈私の持論は，物は遠くから見るべきだということである。というのも，近よってよく調べても欠点の見えないほど美しいものなど，なにひとつないからである。〉

しかしこの訳文，もう一工夫が必要だろう。第一に語順の問題，それに，「……ないほど……はない」という言い方は，むしろ発想を逆転してみたほうがよさそうだ。すると——

〈これは私の持論の一つなのだが，物は少し離れて見るに限る。どんなに美しい物でも，近よってよく見れば，かならず何かしらアラが見えてくるからだ。〉

【§17 B—Many, Few】 これも，no と同じような扱い方をしたほうが具合のいい場合が多い。

| 1—**Many** men besides your husband must have loved you.

これを——

〈御主人のほかにも，大勢の男があなたを愛したにちがいない。〉

としても，殊さら不都合というわけではないかもしれない。けれども，やはり——

〈御主人のほかにも，あなたを愛した男は大勢いたにちがいない。〉

としたほうが，日本語としては自然に聞こえるように思うのだが，どうだろうか。少なくとも，

> 2—**A great many** people feel concerned as you do about our city park.*

という文章を——

〈非常に多くの人々が，あなたと同様，市の公園のことで心配している。〉

と訳したのでは，日本語としてもう一つなじまないのではあるまいか。やはり——

〈あなたと同じように，市の公園のことを心配している人は非常に多い。〉

と，"a great many" を述語的に訳したほうが，どうも落ちつくように思える。

Few にしても同様で，特に a のつかない場合（否定的な意味あいの場合）は，no と同じく，日本語では述語を否定形にするほかに方法がない。

> 3—Very **few** people went there after dark.

〈暗くなってからそこへ行く者はほとんどなかった。〉

【§17 C—Much, Little】 もう説明を繰り返すまでもあるまい。Many, Few と同じことである。例だけを挙げると——

1—He has **much** skill in teaching, but **little** patience with his students.

〈彼には，教える技術は大いにあるが，生徒にたいする忍耐が足りない。〉

2—Winter birds don't mind the cold weather, but they have **little** food to eat. When we have **much** snow, **not a few** of them die of cold and hunger.

〈冬の鳥は，天気の寒いのは平気だが，食物が非常にとぼしい。雪の多い時には，寒さと飢えのために死ぬ鳥は少なくない。〉

ただし，much が副詞として使われている時は別である。

I was **much** disappointed at the result of the election.

〈選挙の結果には大いに失望した。〉

けれども副詞の little(a のつかない場合)は，no や few の場合と同様，述語的に訳すしかない。要するに，日本語の否定表現にはそれしかないということである。

3—Language is not an end in itself, just as **little** as railway tracks; it is a way of connection between souls, a means of communication.*

〈言語は，それ自体が目的であるわけではない。鉄道の線路が，それ自体を目的とするものではないのと同様である。言語は，魂と魂とをつなぐ一つの方法であり，つまりはコミュニケイションの手段にほかならない。〉

【§17 D―Some】 Someについても，「ある～」，「ある種の～」という意味の形容詞として使われた場合，述語的に訳すべき時がある。

| 1―**Some** fish can fly. |

〈飛ぶことのできる魚もある。〉
あるいは――
〈魚の中には，飛べるものもいる。〉
これを，「ある魚は飛ぶことができる」とか，「いくらかの魚は飛ぶことができる」としたのでは，英文和訳としてはともかく，翻訳としてはいかにもぎごちない。

特に some ... others と対句的に用いられている場合は，ほぼ例外なくこの手が使えると考えておいていい。

| 2―**Some** poems are long, and **others** are short. |

〈長い詩もあれば，短いのもある。〉
Some が代名詞に使われている場合も同じで，例えば――

| 3―The war brought misery to **some** but wealth to **others**.* |

〈戦争で不幸になった人もあれば，金をもうけた人もいる。〉

| 4―In the village everyone was busy; **some** men were building |

boats, **others** were working in the cannery, and still **others** were bringing the fish in. The boats were of all sizes. **Some** were big, and **others** were small.

〈村では，誰もが忙しく働いていた。舟を造っている者もあれば，罐詰工場で働いている者，さらには魚を運びこんでいる者もある。舟の大きさはさまざまで，大きいのもあれば，小さいのもあった。〉

Sometimes についても，同じ工夫が功を奏する場合がよくある。

5—**Sometimes** I wonder why I ever listen to him.

〈そもそも，なぜ彼の言うことに耳を傾けたりするのか，自分でも不思議に思うことがある。〉

対句的表現の時，ほぼ例外なくこの方法が活かせる点でも，some と同じで——

6—**Sometimes** he comes by train, and **sometimes** by car.

〈汽車で来ることもあれば，車で来ることもある。〉

7—**Sometimes** we go to the cinema, and at **other** times we go for a walk.

〈映画に行く時もあれば，散歩に出る時もある。〉

【§18—文修飾の副詞】以上§17のA〜Dで述べてきた例とは性質を異にするが，やはり述語的に訳すべき場合として，もう一つ，「文修飾の副詞」の問題がある。

「文修飾の副詞」というのは（くわしくは江川さんの本の§87を参照していただきたいが），例えば——

| 1—**Unfortunately**, the message failed to arrive in time.* |

の "unfortunately" の使い方で，これは

| It was unfortunate that the message failed to arrive in time. |

と書き換えることができる。

　もっとも，この例文の場合なら，別に述語的に訳さなくても，「不幸なことに」とか，「不幸にして」とか，まず冒頭で訳してしまうこともできなくはない。同じように——

| 2—**Surprisingly enough**, some foreign actors are more popular in Japan than in their own countries.* |

といった例文でも——

　〈意外なことに，外国の役者の中には，本国より日本で人気のある者がいる。〉

といった訳し方が可能である。

　しかし，述語的に訳さなければ処理できないケースも多い。特に，rightly とか justly とか，**話者の見解を示している場合**は，この点に十分注意する必要がある。例えば——

| 3—This place is **rightly** called an earthly paradise.* |

　〈ここが地上の楽園と呼ばれているのも当然だ。〉

　これをかりに——

　〈この場所は正しく地上の楽園と呼ばれる。〉

などとやったら，これはもう誤訳の部類に入ってしまうだろう。

以下，同じような例を二つばかり挙げておく。

4 —It may **safely** be said that the public morals of Japanese people are somewhat below the standard of European nations.*

〈日本人の公衆道徳は，ヨーロッパ諸国の水準からすれば，いささか低いと言って差支えあるまい。〉

5 —The more civilized human beings become, the more irresistible **apparently** is their instinct to hasten to a conflagration.——R. Lynd, *In Defence of Pink.*

〈人間は文明化すればするほど，火事だと聞けば，すぐに走って見に行きたくなる本能に抵抗できなくなるものらしい。〉
(この場合に限らず，"apparently" は，"it appears that..." と書き換えられるケースが多い)

〈練習問題〉

However society may be organized, there is inevitably a large area of conflict between the general interest and the interest of this or that section. A rise of the price of coal may be advantageous to the coal industry and facilitate an increase in miner's wages, but it is disadvantageous to everybody else. When prices and wages are fixed by the government, every dicision must disappoint somebody.

試訳——〈どのような社会体制のもとであろうと，社会全体の利害と社会の個々の部分の利害とが，ひろい範囲にわたって衝突を起こすことは避けられない。例えば石炭の価格が上れ

ば，なるほど石炭産業の利益にはなるだろうし，炭鉱夫の賃金を上げることも容易にはなるだろうが，それ以外には誰も得をする者はない。価格や賃金を政府が決める場合には，どんな決定をくだしても，かならず不満を抱く者が出てこざるをえないのである。〉

〔コメント〕

（1）"inevitably" は，単純に「不可避的に」とか，「かならずや」としてもいいかもしれない。が，ここでは，§18の「文修飾の副詞」と考えて訳してみた。"It is inevitable that a large area..." と読みかえてみたわけである。

（2）"a large area of..."——これは意外に処理がむつかしい。ただ「ひろい範囲の衝突」ではよくわからないと思う。この点については，次の章，「副詞に訳したほうがよい形容詞」で説明することを御参照いただきたい。

（3）"A rise of the price"——「無生物主語」を動詞を使って読みほどく手法の応用。"rise" 自体に動詞が内包されている (cf. §9 A)。

（4）"disadvantageous to everybody else"——そのまま訳せば，当然「そのほかのあらゆる人にとって損になる」だが，発想を逆転して上のように訳してみた。別に，この場合特に，絶対にこうしなければならぬというのでは全然ない。ただ日本語の表現力という点から見て，上の訳例のほうがパンチがあると思ったまでのことである。いずれにしても，しかし，このように**発想を逆転して，裏から攻めるほうが効果的であるケース**がままあ

ることだけは，一つの準則としておぼえておいていいかもしれない。

（5）"disappoint somebody"—§17 Dの応用である。なお，"every" については次の章でやがて扱うことになる。

XI. 副詞に訳したほうがよい形容詞
——形容詞・副詞(2)

　さて，比較の問題に移る前に，ここで片づけておきたいことがある。形容詞の中には，訳文でもそのまま形容詞にするよりは，むしろ副詞として訳したほうがいいケースが，実は意外に多いのである。

【§19 A—a little reflection の型】　形容詞を副詞に読みかえるという作業は，実は，すでに前にも一部扱ったことがある。名詞の項で，名詞を動詞に読みほどくという作業を練習した時，その当然の帰結として，形容詞を副詞に訳しかえていたのである。その例文を，改めていくつか思い出しておくことにしよう。いずれも，第III章名詞(3)で扱ったものである。

> 1—**A little** reflection will show you what a stupid answer that is.*

　〈ちょっと考えてみれば，そんな答がいかにバカげているか，君にだってわかるはずだ。〉

> 2—**A slight** slip of the doctor's hand would have meant instant death for the patient.

　〈医者の手がほんの僅かすべっても，患者はたちどころに死

んでいたにちがいない。〉

3—**A month's** deprivation of the solar rays would involve the utter destruction of all activity on earth.*

〈1か月も太陽の光を奪われたら，地上の活動はすべて，完全に破壊されてしまうにちがいない。〉

つまり，あの時にも説明したとおり，例えば "A slight slip of the doctor's hand" を "If the doctor's hand should have slipped (just) *slightly*" と読みほどき，"A month's deprivation of the solar rays" を "If we were deprived of the solar rays *for a month*" と読みほどけば，slight, a month's という形容詞(または形容詞相当句)は，当然のことながら副詞として訳出することになるし，同様に(Ⅲ章ではそこまで説明は加えなかったが)，"instant death for the patient" も "the patient would have died *instantly*," "the utter destruction" も "would be destroyed *utterly*" と読みかえてやることになるわけである。

だがこの型の処理は，要するに名詞の項で説明したことの当然の帰結だから，ここでこれ以上くわしく述べる必要はないだろう。ここで特に扱いたいと思っているのは，これとはやや性質を異にするケースである。

【§19 B—All, Every, Each, Both】 いずれも形容詞として使われた場合を問題にしていることは言うまでもないが，All については，実はすでに上の3の例文にひとつ例が出ていた。"all activity on earth" の all である。もちろん，「地上のすべての

活動」が絶対にまずいというのではない。ただ, all にしろ every にしろ，副詞に訳したほうが，日本語としては坐りのいい場合が多いことは事実であるように思う。例えば――

| He has lost **all** his money. |

これを,「彼はすべての金を失った」と訳すよりも,「金をみんな（すっかり，全部）なくしてしまった」と副詞の形で訳したほうが，やはり自然な日本語であると言えるのではあるまいか。

　以下，いくつかの実例に即して検討してみよう。それぞれ，そのまま形容詞として訳した **a** と比較して，副詞に読みかえた **b** とどちらが自然か，検討してみていただきたい。

| **1**―**All** the money he's paid on it so far will be wasted. ――
Maugham, *The Kite*. |

　a―〈彼が今まではらったすべての金は無駄になってしまうわけだ。〉

　b―〈今まで彼がはらった金は，みんな無駄になってしまうわけだ。〉

| **2**―Since you cannot read **all** the books you may possess, it is enough to possess only as many books as you can read.* |

　a―〈持っている全部の本を読めるわけではないのだから，読めるだけ持っていれば十分だ。〉

　b―〈いくら本を持っていても，すべて読めるわけではない。読めるだけ持っていれば十分だ。〉（ちなみに，関係代名詞〔表には出ていないが〕に接続詞を補って読みほどき，all を副詞に読みかえたおかげで，"may" のニュアンスまでうまく出せるという

§19B―All, Every, Each, Both

オマケまでついてきた）

3—**All** pleasure is bought at the price of pain.

a—〈すべての快楽は，苦痛という代償を支払ってはじめて買える。〉

b—〈すべて快楽というものは，苦痛という代償を支払ってはじめて買えるものである。〉

これをさらに一歩推し進めれば，「すべて」という量の観念を時間の観念に移しかえて，「いつでも」あるいは「かならず」と訳す工夫も出てくる。

c—〈快楽はいつでも，苦痛という代償を支払ってこそ買えるものだ。〉

あるいは――

d—〈快楽を得ようと思えば，かならず苦痛という代償を支払わねばならない。〉

次は **every** の例。

4—Editors do not print **every** contribution that reaches them.*

a—〈編集者は，手許に届いたすべての原稿を印刷に回すわけではない。〉

b—〈編集者は，手許に届いた原稿をみながみな印刷に回すわけではない。〉

5—I do not look upon **every** politician as a self-seeker.*

a—〈私は，すべての政治家が利己主義者だと見なしているわけではない。〉

b―〈私は別に，政治家はみな(誰でも)利己主義者だと見なしているわけではない。〉

先程，**all** を時間の観念に移しかえる例を挙げたが，**every** を場所の観点で捉えなおす工夫もありうる。

6―**Every** college in the country teaches something it calls English.*

a―〈全国のあらゆる大学では，「英語」と称するものを教えている 。〉

b―〈全国の大学ではどこでも，「英語」と称するものを教えている。〉

今度は **each** や **both** の例。

7―**Each** country has its own customs.

a―〈それぞれの国には，特有の習慣がある。〉

b―〈国にはそれぞれ，特有の習慣がある。〉

8―I haven't read **both** his novels, but judging from the one I've read, he seems to be a fairly promising writer.*

a―〈私は彼の両方の小説を読んだわけではないが，読んだほうから判断するかぎり，作家としてかなり有望ではないかと思う。〉

b―〈私は彼の長篇を両方とも読んだわけではないが，読んだほうから判断するかぎり，作家としてかなり有望ではないかと思う。〉

最後にもう一度，念のためにお断りしておくが，**all** にしろ **every** にしろ，いつでも副詞的に訳さねばならぬというのでは

ない。ただ、そういう工夫が思わぬ役に立つことも多い、ということを言いたいまでの話である。

【§19 C―その他，一般の形容詞】 いずれにしても，しかし，原文で形容詞が使ってあるからといって，訳文でもやはり形容詞を当てなければならぬといういわれは少しもない。実際に翻訳の作業をしていると，つい右から左へ，こういう機械的な対応に陥ってしまいがちだから，この点，十分吟味することが大事だと思う。以下，一般の形容詞について，副詞に訳したほうが好ましいケースを，いくつか例を挙げて検討してみる。

1―The nature of a country's education is perhaps **the surest** indication of the primary ideals which its people hold dear.

〈一国の教育の特性を見れば，その国民が何をいちばん大切と考えているか，その基本的理想を<u>もっとも的確に</u>知ることができるのではあるまいか。〉

「特性を見れば」と，主語の名詞句をあたかも副詞節のように処理している点については，名詞(3)で述べたこと(特に§9 B)を参照していただきたいが，それより今の場合として大事なのは，上の訳例を注意して読んでいただくとわかることだが，実は "the surest indication" をまず "indicates most surely" と読みほどき，それをさらに，"we can know most surely" と読みかえる操作を行なっている点である。この意味では，これは§19 Aの応用とも言えるだろう。

2—There is the temptation either to postpone a decision or to make no decisions at all, but even postponing and making no decisions are **clear** decisions.

〈決断を先に延ばしたい,さらには,決断を下さないでおきたいという誘惑におそわれることがある。けれども,決断を延期し,決断を見合わせること自体もまた,明らかに一種の決断にほかならない。〉

これは実は,原文自体,"...clearly decisions"と副詞に書き変えられるケースで,そうなると,この前の章の§18,「文修飾の副詞」に当たることになる。だとすれば,さらに一歩を進めて,「……決断を見合わせること自体,やはり一種の決断であることは明らかだ」とすべきかもしれない。

3—Could he have foreseen that he was to lose everything, his **iron** soul must not have been shaken.

〈仮に一切を失うことになると知っていたとしても,彼の心は,さながら鉄のごとく動じなかったにちがいない。〉

もちろん,「彼の鉄の(ような)魂は」でも差支えないだろうが,上の訳例のように副詞句として訳すこともできる。

【§19 D—転移形容詞】 こういう表現をさらに一歩推し進めると,いわゆる「転位形容詞」ないし「転喩」(**Transferred Epithet**)の用法になる。これについては,江川さんの本では§57 Aの解説に説明があるから,ぜひ参照していただくとして,ここではとにかく,まず例文を訳してみよう。

1—The doctor waved an **impatient** hand. "Of course, of course. I don't mean it that way." —Agatha Christie, *And Then There Were None*.

〈医者はじれったそうに手を振った。「もちろんです，もちろんですよ。そんな意味で言ってるんじゃありません。」〉

別に手そのものが impatient なわけではない。impatient なのは医者自身である。本来なら医者に冠するべきはずの形容詞が，「手」という別のものに転位されている。これがつまり「転位形容詞」という修辞上の技法で，訳す時には，まず"The doctor waved his hand *impatiently*."と読みかえてやるべきことは明らかだろう。

2—In the morning she got up from her **sleepless** bed.
　→ ... from her bed sleeplessly (without sleep).

〈朝になると，一睡もできぬまま，彼女はベッドを離れた。〉

3—He stared at me for some **uncomfortable** seconds, his face harsh with all the resentment he felt against me.

〈彼はしばらく私をにらみつけていた。気まずい沈黙。彼の顔はけわしく，私にたいする憤懣を満面にみなぎらせている。〉

"for some uncomfortable seconds" は，"for some seconds, making me uncomfortable" とでも読みほどいてやればよい。ただ私の訳例では，これを副詞(句)に訳しきることができなかったが。

〈練習問題〉

　Any serious discussion of camels with Arabs is rendered impossible by their intense feeling that European and American interest in the animal is simply a manifestation of a pervasive anti-Arab stereotype. With some justice, Arabs point out that, despite the fact that camels have become relatively scarce in most Arab countries, every cartoon or caricature of an Arab has a silly-looking camel in it.——Richard W. Bulliet, *Let's Hear It for the Camel!*

　試訳——《アラブ人を相手に，ラクダのことを真面目に論じようとしてみても無駄である。というのも彼らは，欧米人がラクダに興味を示すのは，要するに，ひろく浸透した反アラブ感情の一つの表われにほかならぬと，固く信じこんでいるからだ。彼らは指摘する——そしてこの指摘は，確かに一面の真実を衝いている。アラブ諸国では，ほぼ例外なく，ラクダの数は昔にくらべて少なくなっているにもかかわらず，アラブ人を描いた漫画の類を見れば，かならず阿呆面をしたラクダが顔を出しているではないか（これが，反アラブ感情の反映でなくて何であろうか，と）。》

〔コメント〕

　（1）"serious discussion" を「真面目に論じる」としたのは，もちろん§19 A の応用。

　（2）"pervasive" も副詞に訳せないことはない。例えば，「反アラブ感情がひろく浸透していることの一例」。むしろこのほうがいいかもしれない。

（3）"With some justice"——これは"Justly"あるいは"Rightly"と言いかえることもできる。つまり，§18の「文修飾の副詞」の一種と考えてみてもいい。

（4）"in most Arab countries"——「ほとんどのアラブ諸国では」でも悪くはないかもしれないが，§19Bの応用として訳してみた。

（5）"every cartoon"——これはもちろん，§19Bの適用。（ところで，"cartoon and caricature"を簡単に「漫画の類」で片づけてしまったが，別に大した理由はない。ただ，ここで妙に厳密にする必要もあるまいと思ったまでのことである）

（6）（これが，反アラブ感情……）——原文には，こんな文句はどこにもないけれども，私としては，文章の勢いとして，このくらいの付け足しをしてやりたい気がする。しかし，もちろん，これは私一個の主観にすぎない。

XII. 比較の表現──形容詞・副詞(3)

　形容詞・副詞の最後として，この章では比較の表現について考えてみよう。

　実際に翻訳の作業をしていてよく経験することだが，比較というのも，例えば関係代名詞などと同様，なかなか手こずる点の一つである。第一に語順の問題がある。普通に訳すと，まずthan以下を先に訳して，それから前に訳しあげなければならないわけだけれども，機械的にこれをやると，日本語としては，どうも内容がスラスラ頭に入ってこない場合が多い。何らかの工夫が必要になってくるゆえんだが，厄介なことに，この点，関係代名詞などとちがって，どんな場合にはどんな工夫が有効か，多少とも系統立てて分類することもむつかしい。結局のところ，その場その場で，経験的，実践的に切り抜けてゆくより仕方がない。

　そこでここでは，一応の分類として，普通の比較級・最上級の場合，否定がからむ場合，それにas...asの形に分けて，いろいろの工夫の施しようを，あくまで経験的に試みてみることにしよう。(日本語とのちがいという点からすれば，当然いわゆる劣等比較も問題にすべきかもしれないが，実際には，A is less～than B. を，B is more～than A. と考えなおせば，普通の比較の場合の応用で片がつくから，ここでは特に取りあげるまでもあるまい)

§20A－普通の比較級・最上級

【§20A─普通の比較級・最上級】 例えば次のような文章をどう訳すか。

> **1**─The saturation point of a hot liquid is **higher than** that of a cold one.*

英文解釈の方式に従って普通に訳せば，まずこんなことになるだろうか。

　a─〈熱した液体の飽和点は，冷えた液体の飽和点よりも高い。〉

さて，これをどうにかしようというわけだが，比較そのものを考える前に，まず片付けておかなくてはならない点がある。"that of a cold one" の that も one も，名詞の反復を避けるための代名詞であることは勿論だが，これについてはすでに代名詞（1）の§12で一度扱ったことがある。あの時に検討した工夫を思い出せば，この代名詞は，もとの名詞を繰り返すより，むしろ省略したほうがいいかもしれない。とすると──

　b─〈熱した液体の飽和点は，冷えた液体より高い。〉

けれども，どうせここまで工夫するのなら，さっきXI章でやったばかりの，形容詞を副詞的に発想しなおすという手法を応用して，「冷えた時より」という訳文も思い浮かぶのではあるまいか。それならさらに一歩を進めて，次のような訳も思いつけるかもしれない。

　c─〈液体の飽和点は，冷たい時より，熱した時のほうが高くなる。〉

つまり飽和点そのものを比較するのではなく，熱い時と冷たい時という，二つの情況を比較する形に変えてしまうわけである。それにもう一つ，比較するという操作そのものを表に出して——

d—〈液体の飽和点は，冷たい時にくらべると，熱した時のほうが高くなる。〉

といった訳文も考えられる。

実をいうと，この例のように比較的単純な文章なら，別にこれほどいじくり回す必要はないかもしれない。しかし，もう少しこみいった例になると，こうした工夫が不可欠になってくる場合が少くないのである。

2—It costs **more** to run the machinery of a city whose inhabitants are contemptuous of law **than** that of one where the whole population cooperate in enforcing the laws.*

これをかりに，特別の工夫を加えないでそのまま訳せば，こんなことになるだろうか。

a—〈全住民が法律の執行に協力する市の機構を運営するよりも，住民が法律を軽蔑している市の機構を運営するほうが金がかかる。〉

しかしこれでは，よほど注意をこらして熟読しないと，意味が頭に入ってこない。

そこで，これに，1と同様の工夫を加えてみる。まず, that と one を省略し，次に，機構の運営そのものを比較するのではなく，二つの情況(法律の執行に協力する場合としない場合)のあい

だの比較に置きかえる。すると——

　b—〈同じく市の機構を運営するにしても，住民全部が法律の執行に協力する場合にくらべて，住民が法律を軽蔑している時のほうが費用がかさむ。〉

あるいはさらにもう一工夫して——

　c—〈同じく市の機構を運営するにしても，住民が法律を軽蔑していると，住民全部が法律の執行に協力する場合より金がかかる。〉

　これで大分読みやすくなってきた。それに，語順をできるだけ原文のままにするという，例の大前提も満足できる。やはり，工夫というのはしてみるものだ。

　今度はやや性質のちがうケースとして，かならずしも「AはBよりも……だ」という形を表に出さなくてもよい場合がある。例えば——

　3—There are **more** telephone users in the U.S.A. **than** in any other country.*

　a—〈アメリカには，ほかのどんな国よりも多くの電話加入者がある。〉

　しかし，§17Bで見たように，many は述語的に訳したほうがいいという原則を思い出せば，こんな訳文が出てくるのではあるまいか。

　b—〈アメリカほど電話加入者の多い国はない。〉

　そこでもう一度この訳文を読みかえしてみると，「電話加入者」という名詞にこだわる必要もないことに思いあたる。する

と，いっそこうしてみてはどうだろう。

　c ―〈アメリカほど電話の普及している国はほかにない。〉

4 ―A man of science may or may not make money; he is certainly not **more** respected if he does **than** if he does not.*

　a―〈科学者は，金をもうけることもあろうし，もうけない場合もあろう。だが，いずれにしても確かなのは，もうけない場合より，もうけた場合に余計尊敬されることはないということだ。〉

　b―〈科学者の中には，たまたま金をもうける者もあるかもしれない。だが，金をもうけたからといって，それで格別尊敬されることはけっしてない。〉

さらにまた別のケースとして，途中でいったん切るという工夫が効果をあげる場合もある。特に，**the**＋比較級＋原因をあらわす句(節)の構文では，この手の使える例が多い。

5 ―Her anxiety was **all the more pitiful** to see **because** she took such pains to・hide it.――Maugham, *The Book-Bag*.

　英文解釈で片付ければ，例えば――

　a―〈彼女の心配は，彼女がそれを隠そうと非常に努力していたので，それだけ一層見るも痛ましかった。〉

というような訳文になるだろうが，これではあまりに芸がない。いったん切ってみよう。

　b―〈彼女の心配ぶりは，実際見るも痛ましかった。必死に隠そうとしているから，余計に痛ましいのである。〉

6—The loveliness of May moves us **the more deeply because** we know that it is fading even as we look at it.*

a—〈五月の美しさは,われわれがそれを見ているあいだにさえ色あせてゆくとわれわれが知っているから,余計われわれの心を打つ。〉

b—〈五月の美しさには,誰しも深く心を打たれる。現に眺めているそのあいだにも,たちまちに色あせてゆくとわかっているから,いっそう心を打たれるのである。〉

最後に,**最上級**の例を一つやっておこう。

7—In human affairs everything happens by chance. No wisdom or foresight can effect anything, for the **most** trivial circumstance will upset the **deepest** plan of the **wisest** mind.*

〈人生にあっては,あらゆる事件は偶然に支配されている。どれほど知恵があっても,どれほど先見の明があっても甲斐はない。いかに知恵のある人間が,いかに慎重に立てた計画であろうと,ほんの瑣細な事情によって,たちまちくつがえされてしまうからだ。〉

【§20 B—否定のからんでいる場合】 江川さんも指摘しておられるとおり(p.170),英語の否定表現は,日本語とはかなり発想を異にする場合が多い。だから,これが比較表現と結びつくと,なかなか手ごわい例の出てくることもめずらしくない。まず,比較的単純なケースから始めてみよう。

1—**Nothing** is **more urgently** needed today **than** a consistent restatement of the philosophical foundations of liberalism.*

a—〈自由主義の哲学的基礎を，もう一度一貫して定義しなおすことほど，今日緊急に必要とされていることはない。〉

これに，語順の問題，それに，名詞を動詞に読みかえ，形容詞を副詞に読みかえるなど，今まで勉強した工夫を加えてみると——

b—〈今日何より緊急に必要とされるのは，自由主義の哲学的根拠を，改めて組織的に定義しなおすことである。〉

2—There is probably **no stranger** sight for a European **than** to see, as he may in any American restaurant, a grown man drinking a glass of milk.*

a—〈アメリカのレストランならどこでも見かけるように，大人がミルクを飲んでいるのを見ることほど，ヨーロッパ人にとって奇妙な光景はあるまい。〉

b—〈ヨーロッパ人の目には実に奇妙に映るのだが，アメリカではどこのレストランへ行っても，大人がミルクを飲んでいる姿を見かける。〉

あるいはむしろ一度解体して——

c—〈アメリカのレストランでは，どこへ行っても，大の大人がミルクを飲んでいる姿を見かける。ヨーロッパ人の目から見ると，これほど異様な光景はほかにあるまい。〉

今度はもう少し厄介なケースで，例の **no more ... than** の構文の例。

3—I can **no more** help loving Collin **than** I can help the rain falling or the trees bursting into leaf.

こういう場合は，§20Ａの5や6と同じように，いったん切るという手を使うしかあるまい。

〈私はコリンを愛さずにはいられません。雨の降るのをとめることなどできず，木々が芽を吹き出すのをとめられないのと同じことです。〉

4—I accepted her acrimonious disposition as an act of God and **no more** thought of rebelling against it **than** I would against bad weather or a cold in the head.—— Maugham, *The Dream*.

〈私は彼女の辛辣な気性を，神の命じたもうたこととしてそのまま受け容れ，反抗しようなどとは考えもしませんでした。天気が悪いから，鼻風邪を引いたからといって，天気や風邪に反抗する気など起こらないのと同じことです。〉

【§20Ｃ—as...asの構文】　最後に，いわゆる同等比較の例をいくつか見ておくことにしよう。§20Ａの5, 6, §20Ｂの3, 4と同じように，いったん切るという手法が功を奏する場合が多い。

1—He grew tired of reading **as** little **as** the rest of us grow tired of bread.

〈彼は読書に飽きることなどなかった。普通の人間が，パンに飽きることなどまずないのと同様だった。〉

2—A poet can be **as** patriotic **as** anyone else. A man may do **as** great a service to his country and people by writing poems **as** by fighting battles.

〈詩人もまた，誰にも劣らず愛国者になれる。詩を書くことによっても，祖国と同胞にたいして大いに尽くすことができるのだ。武器を取って戦うのと，少しも変るところはない。〉

3—We have no symbols to represent bird sounds on paper, hence we are **as** powerless to convey to another the impression they made on us **as** we are to describe the odours of flowers.*

〈小鳥の鳴声を文字に表わす方法はない。だから，その印象を人に伝えようと思っても，どうにも手の施しようがない。花の香りを言葉で表わそうとするようなものである。〉

比較というヤツ，意外に相当の難物であるということが，以上でおわかりになったと思う。しかも，こういう場合はこうと，システマティックに対応策をまとめることも，かならずしもできないところが余計にニクイ。けれども，今まで名詞や形容詞の読みかえの作業で学んだことを，頭を使って随時応用してゆけば，何とか道は通ずると思う。いずれにしても大事なことは（そしてこれは，別に比較の場合に限らず，すべてを通じて言えることだが），表面の形にこだわらないということだ。

〈練習問題〉

In the course of a reasonably long life I must have read many hundreds of books, some of which I have forgotten, but most of which I remember, and those forgotten books must have left some mental deposit, so that in a sense I am mentally as much the books I have read as I am chemically the food I have eaten.

試訳——〈私などまず長生きしてきたほうだろうが，そのあいだに読んだ本は，おそらく何百冊になるにちがいない。忘れてしまったものもあるけれども，ほとんどは今でもよく憶えている。それに，たとえ忘れた本であっても，心の中には，なんらかの沈澱物が残っているにちがいない。だとすれば，ある意味で今の私は，少なくとも知的な面から言って，これまでに読んだ本によって出来あがっているというわけだ。化学的に言って私の体が，今まで食べた食物で出来ているのと同じことである。〉

〔コメント〕

（1）"a reasonably long life"——関係代名詞でやった「分解する」という手法に倣って，"I have lived a reasonably long life, and in the course of it" といったふうに読みほどいてみた。「まずまず長い生涯のあいだに」といった「忠実な」訳では，どうも日本語としてシマラないと思ったからだが，どんなものだろう。

（2）"some of which," "most of which"——関係代名詞の解体（§16），それに，第Ⅹ章「述語的に訳すべき形容詞」（§17 D "Some"）の応用である。

(3) "some mental deposit"——思い切って，"mental" を「心の中に」(＝mentally) と読みほどいてみた。第 XI 章「副詞に訳したほうがよい形容詞」を応用してみたつもりである。ただ「知的な沈澱物」とするより，このほうがいいと思ったのだが。(それから，この "some" は§17 D の some とは少しちがう。そこで「なんらかの」と訳してみたわけである)

　(4) "as much the books ... as"——さっき§20 でやった構文の練習。ところで "I am ... the books," "I am ... the food" という表現，多少言葉をたして補足した。やはりこうしないと，日本語としては形をなさないだろうと思う。

XIII. 時制について——動詞(1)

　この章から，いよいよ動詞に入ることにしよう。まず時制の問題を扱いたいと思うが，しかし，翻訳上注意の必要な現象として，はたしてどこまで取りあげるのが適当なのか，実は少々迷っているところである。例えば——

> **a**—All the salesmen **hand in** their weekly reports.*
> **b**—Babies **are** a great nuisance; they **need** attention all the time.*

といった現在時制の使い方は，当然，こんなふうに訳さなくてはならないだろう。

　a—〈セールスマンはみな，一週間ごとに報告を提出することになっている。〉
　b—〈赤ん坊というのは厄介なものだ。一時も目が離せない。〉

けれどもこういう訳文は，そもそも現在時制というものが，現在という一瞬に起こっている動作や状態を表わすのではなく，現在を中心として，過去から未来にわたる一般的事実，あるいは反復的，習慣的な行為を表わす時制だという基本的な文法的知識さえあれば，格別の注意はしていなくとも，おのずから出てくる訳文だと言っていいだろう。

　この種の問題までいちいち拾い出していたのでは，結局，普通の文法の本の説明をそっくり繰り返すことになってしまう。

詳しくは江川さんの本をよく読んでいただくとして，ここでは，実際に翻訳の作業を進めてゆくにあたって，特に注意が必要かと思われる点だけに絞って考えてみることにしたい（なお，『翻訳の世界』1980年9月号は，「時制の研究」を特集していて，非常に参考になる。ぜひあわせて読んでいただきたいと思う）。

【§21 A―現在形】　最初にちょっと復習をしておこう。第Ⅲ章の§10で，「形容詞＋動作者」という形，つまり，He is a good swimmer.→ He swims very well.「彼は泳ぎがうまい」という式の名詞の扱い方に触れたことがある。ところで，現在形の使い方には，ちょうどこの逆に当たるケースとして，例えばこういう表現がある。

| 1―"How does Mr. Brown earn his living？" "He **sells** books."*

こういう場合，ただ単に「本を売っています」ではかならずしも適訳とは言えまい。＝He is a book-seller. と理解して，「本屋さんです」と訳してやるべきだろう。

　　同様　にして――

| 2― He **writes** detective stories.*
| ＝He is a writer of detective stories.

　〈彼は推理小説家だ。〉

（もちろんこの場合なら，「推理小説を書いている」でも悪くはない。ただ，こうした訳し方も可能だということを頭に入れておけば，役に立つことが多いのではないかということである）

こういう方法を応用すれば，次のような場合にも，それなりの工夫が浮かんでくるのではあるまいか。
| 3—Girls **think** more of "looking nice" than boys do.*
〈女の子は男の子よりおしゃれなものだ。〉

【§21 B—現在完了の代用として】 現在形の第二のポイントとして，**現在完了の代用**として現在形の使われる例を考えてみよう。
　前述の『翻訳の世界』の特集で，毛利可信教授が，次のような例を解剖しておられる。
| Now I **remember**!
〈ああ，思い出した！〉
| **Thank** you very much for ...
〈このたびは，いろいろとありがとうございました。〉
| Oh, here he **comes**.
〈ホラ，やってきた〉。
| Now I **see**.
〈わかりました。〉
　御覧のように，英語では現在形で表現するところを，日本語では，あたかも過去形のような形で表現している。
　こういう表現上のちがいが生ずるのは，毛利教授によれば，「英語は知覚に沿って言語化が行なわれるのに対して，日本語では知覚という動作が行なわれたという過程の報告を言語化する」からだと，非常に興味深い分析を示しておられる。この洞察をさらに推し進めてゆけば，結局，日本語と英語の根本的な発

想のちがいを掘り起こすこともできそうだ。大体，日本語の「タ」は，かならずしも過去時制を表わすものではなく，話し手の「確認」を表わすことがその機能の基本であって，そこから池上嘉彦氏などは，次のような結論を引き出している。

　ホーピ語や日本語の場合，＜時間＞ということよりも＜妥当性＞(validity)ということが言語的分類基準になっている。＜妥当性＞とは，出来事が話し手にとって事実として捉えられているかどうかということであり，文法的な範疇でいえば「法」(mood)に関係するものである。一方の言語〔例えば英語〕では「時間」(tense)という枠で捉えられるものが，他方の言語では「法」という枠で処理されていると考えることができる。──池上嘉彦『「する」と「なる」の言語学』(大修館書店, pp.143-4.)

しかし，今はこうした理論的な問題にはこれ以上深入りせず，どう訳すかという，実践的な問題に引き返すことにしよう。

普通の文法書では，こういう例は「現在完了形の代用」という説明を与えているようだ。つまり，現在完了同様，「結果としての現在の状態」を表わしていると考えるわけである。すると訳としても，現在完了と同じように，日本語では過去形で表わすか，または「～している」といった形にするしかないことになる。そういうことを頭に入れて，いくつか例にあたってみよう。

1 —He told me the title, but I **forget** it.── Maugham, *Cakes and Ale.*

〈題名は聞いたんだが，忘れた(忘れてしまった)。〉

2―It would only be waste of valuable time to bring less than ten thousand dollars, sir." "I quite **understand**". ―― Maugham, *The Letter*.

〈せめて一万ドルはお持ちにならないと, 大事な時間を無駄にすることにしかなりませんでしょう――わかったよ(わかってるよ)。〉

3―Oh! I'd forgotten about that. I mentioned it to Mrs. Crosbie, and she **denies** having written anything of the sort. ――*do*.

〈ああ, 忘れてた。クロスビーさんに話してはみたんだが, そんなもの, 書いたおぼえはないと否定しているんだ。〉

【§21 C―「歴史的現在」】 現在形の最後のポイントとして, いわゆる「歴史的現在」(historical present)を見ておこう。Jespersen は, 'dramatic present'(劇的現在)という名称を与えているが, このほうがむしろ内容に即しているかもしれない。いずれにしても, まず例文をやってみる。

1―He came up close to me and took me by the wrist. He **holds** me hard and **looks** me in the face. Suddenly he turned round and went away.*

〈あの方, すぐそばまで近よると, 私の手首を取りました。その手をぎゅっと握りしめ, まじまじと私の顔を見つめるのです。と, 突然ふりむき, 行ってしまったのでした。〉

もちろん, これはすべて過去のできごとの報告なのだが, あ

たかも事件を眼前に髣髴させるために，現在形を作って臨場感を高めるという，一つの修辞上の技巧である。けれどもこういう効果は，実はむしろ日本語のほうが得意とするところで（これもまた，日本語の「主観的」発想の一つの表われだろうが），訳すのにそれほどの苦労はない。むしろ，英語ではすべて過去形が使ってあっても，日本語では時おり現在形を織りまぜ，あるいは名詞どめを使うなどして，叙述に変化をもたせることが可能だ――というより，大いに必要だとさえ言えるかもしれない。

　そればかりではない。さらに臨場感を高めるために，日本語では直接話法を持ちこむ技巧が効果的に使える場合が多々ある。

> **2** —Suddenly a cloud of dust **rises** to the west, and the defenders of the fort **strain** their eyes to see whether it **betokens** another Indian attack or the colonel returning with their soldiers.*

〈突然，西の方に，砂塵が雲のように立ちのぼった。砦を守っている人々は目をこらす。またインディアンが襲ってきたのか。それとも大佐が，兵隊をつれて帰ってきてくれたのだろうか。〉

つまり "to see whether..." の部分を訳すのに，砦の人たちが考えた内容を，そのまま，直接話法的な表現で持ちこんでみたわけだ。

しかし，いずれにしてもこの点は，むしろ話法の問題に属するから，そちらでもっと詳しく考えてみることにしたい。

【§22—進行形】 進行形には，文字どおり現在進行中の行為を表わすばかりでなく，解釈・翻訳上注意を要する用法として，動作の反復，さらには習慣を表わす用法があるが，特に注意が必要なのは，これにはしばしば，非難，不快，困惑，ないしは賞讃など，**感情的ニュアンス**が加わる，という点である。前後関係からこの点を読み取って，何とか訳文にそのニュアンスを移してやる必要があると思う。

1—You're always **tapping** on the table. Do stop it ——it's a most annoying habit.*

〈君はしょっちゅうテーブルをカタカタ叩いてばかりいるな。やめてくれないか。非常に気に障るよ，その癖は。〉

2—You're always **getting** invited out. No one ever invites me to any place.*

〈あなたは，いつも人に招待されていいわね。私なんか，どこへも招んでもらえないんだもの。〉

3—Women **are** constantly **trying** to commit suicide for love. —— Maugham, *The Moon and Sixpence.*

〈女というものは，始終恋のために自殺などしたがるものだ。〉

4—You'll **be telling** me next time that I'm mad.

〈今度は，ぼくが気ちがいだとでも言うんだろう。〉

普通は進行形を作らない動詞が進行形で用いられる場合があるが，そういう時にも，今いう感情的ニュアンスの感じられることが多い。

5—Long before the dinner ended, Mary was actively **hating** him.*

〈食事が終るにはまだ大分時間があったが,メアリーはもう,その男が<u>いやでいやでたまらなくなっていた。</u>〉

6—Peter says he saw a ghost last night. He is always **seeing** ghosts.*

〈ピーターは,昨夜,幽霊を見たと言っている。いつも幽霊を<u>見たなんてことばかり</u>言うんだから。〉

【§23―時の一致】

最後に,いわゆる「時制の一致」の問題に触れておこう。多少の注意を必要とする点がある。例えば――

Sometimes I thought he **hated** me.

という文章を,

〈あの人,私を憎んで<u>いた</u>と思うことがよくありました。〉

と訳したのではよくわからない。下手をすると,「思った」時点より前に「憎んでいた」ように読めてしまう。つまり,あたかも

I thought he had hated me.

という文章の訳のように感じられてしまう。日本語ではこういう場合,「思った」時点にまでさかのぼって,「思った」ことの内容を現在形で表わすのが普通である(先程の毛利教授の指摘を参照)。要するに――

〈あの人,私を憎んで<u>いる</u>と思えることがよくありました。〉

と訳すべきだろう。

同様に――

I didn't know what I **was doing**.

〈何をしているのか自分にもわからなかった。〉

以下，いくつか実例を練習してみる。

1 ─I didn't think it **would make** you so angry, or I wouldn't have brought it up.

〈君がそんなに怒るとは思わなかった。でなければ，こんな話，持ち出しはしなかったんだが。〉

2 ─A man came up to me and asked whether I **was going** towards a certain town of which he gave me the name, but as I had not so much as heard of this town, I told him I **knew** nothing of it.

〈一人の男が近づいてきて，ある町の名前を挙げ，これからその町のほうへ行くのかとたずねた。しかし，そんな町は名前を聞いたことさえなかったので，わからないと答えた。〉

（ちなみに，関係代名詞の分解の手法，それに直接話法の活用という工夫にも御注目いただきたい）

ところで，この時制の一致の問題は，当然，話法の問題と不可分で，だから，今も触れた直接話法の活用ということが，いずれにしても重要なポイントになってくる。次の例を，その点にも注意しながら訳してみていただきたい。

3 ─He stopped, and then, approaching our doorway with a bow, said to my mother that he **was** an artist, and asked if he **might make** a sketch of our house.

〈男は立ちどまり，やがて，うちの玄関にやってくると，お

辞儀をして，母にこう言うのだった。実は私は絵描きですが，お宅をスケッチさせていただけませんか。〉

〈練習問題〉

> The next morning I woke early, drew the curtains, and saw the breath-taking view across the valley. The range that had been palely visible in the moonlight was now a deep green meeting the blue of the sky, and beyond it were higher ranges tipped with snow. I came to know and love that view during the weeks that followed; it was the kind that had a different enchantment for every time of day and variation of weather.

第一に「時の一致」の練習でもあるが，それよりむしろ§21Cの「歴史的現在」の項で説明したように，原文の過去形を適宜現在形で訳すなどして，訳文に生彩を与える練習を試みていただきたい。

試訳──〈翌朝早く起き，カーテンをあけたとたん，眼前の風景に，思わず息を呑んでしまった。谷をへだてた山脈は，昨夜月光に照らされていた時はぼんやりとしか見えなかったが，今はくっきりと深い緑で，それが空の青さに映え，その向うにはさらに高い山脈が，頂きに雪をいただいて幾重にも連なっている。それから数週間ながめているうちに，私はますますこの風景を深く知り，いよいよ強く愛着を覚えるにいたった。時刻が移るたびごとに，あるいは天候が変るたびごとに，さまざまの魅力を見せるのである。〉

〔コメント〕

御覧のように，かなり自由に訳してみた。こういう描写の文章では特に，原文の表面的な形式にこだわるよりも，描写の生彩を失わない表現になっていることが第一だと思う。

　(1) "The range that had been..."—関係代名詞の処理の仕方は，§13「接続詞を補う」の応用である。

　(2) "higher ranges"—この複数形をそのまま訳文に持ちこもうとすると無理が出る。§4A や §5B でも触れた手法を応用して，「幾重にも」という副詞句に移しかえてみた。

　(3) "it was the kind"—この "kind" は "the kind of view" という意味だろう。つまり「ちがった魅力を持った種類の風景」ということだろうが，試訳では思い切ってカットした。

　(4) "every time of day"—前に §19B で，all を「いつでも」とか「かならず」とか移しかえる工夫を検討した。それに同じ所で，every を「どこでも」と発想を転換する例も見た。今のケースはその応用，発展である。なお第 X 章の最後の練習問題で，"every decision" を「どんな決定をくだしても」と訳した例なども御参照いただきたい。

XIV. 受動態をどう処理するか──
動詞(2)

　この章では，いよいよ受動態の問題にアタックしてみよう。だがこの受動態というやつ，読者もすでによく御承知のとおり，名詞(ことに無生物主語)，人称代名詞，あるいは関係代名詞などと並んで，翻訳上，いちばん厄介なポイントの一つである。ともかく，原文が受動態で書いてあるからといって，機械的に受身に訳していたのでは，自然な日本語に翻訳することは望めない。いろいろチェックが必要な問題のひとつだ。

　さらに問題をややこしくしている原因のひとつに，すでに§9Bその他でも触れたとおり，現代の日本文では，欧文の直訳調が，かなりの程度まで受け入れられてしまっているという事情がある。だから直訳調は，ただ単に翻訳の巧拙の問題ではなく，文体上の意味をもつにいたっている──つまり現代では，文章語(文語ではない)の一種のスタイルとして，欧文直訳調が利用されているということも，やはり事実なのである。そこで，例えば学術的な翻訳などでは，意図的に直訳調を利用できる場合もなくはない。

　さてこの章では，今までのやり方とは少しばかり趣きを変えて，最初にいくつかの受動態の文章を訳してみて，どのような問題点があるか，まず実践的，経験的にさぐり出してみることにしたい。その後で，そうした実験の結果から，翻訳上のいく

つかの原則ないし対応策を，帰納的に引き出すという方法を取ることにしたいのである。幸い江川さんの本には，§176「受動態の実例研究」に各種の例が集めてあるから，これによって，まず **a** で直訳を，そして，**a** では日本語として不自然な場合，**b** に，もう一工夫した訳例を挙げてみる。

【§24―実例研究】

1―English and French **are spoken** in Canada.*

a―〈カナダでは英語とフランス語が話されている。〉
b―〈カナダでは英語とフランス語を話している(使っている)。〉

2―What **is** this flower **called** in English?*

a―〈この花は，英語では何と呼ばれますか。〉
b―〈この花は，英語では何と呼びますか(いいますか)。〉

3―The hall was full to the roof and he **was greeted** with unanimous applause.*

a―〈会場は超満員で，彼は満場の拍手で迎えられた。〉
b―〈……満場の拍手が彼を迎えた。〉
(しかし，この場合，**a** でも別に悪くはなさそうだ)

4―The bill **was thrown out** after a brief discussion in the Diet.*

a―〈この法案は，国会で簡単な討議があった後，廃案にされた。〉

b—〈……廃案になった。〉

5 —Millions of newspapers **are sold** throughout the world every day.*

a—〈無数の新聞が，毎日，世界中で売られている。〉

b—〈……売れている。〉

6 —Blind people **are taught** to read special books **printed** with raised letters.*

a—〈盲人は，点字で印刷された特別の本を読むことを教えられる。〉

b—〈盲人は，点字で印刷した特別の本の読み方を教わる。〉

7 —The English **are** sometimes **criticized** for paying too much attention to games.*

a—〈イギリス人は，あまりに勝負事に熱中しすぎると批判されることがある。〉

これは，ほぼこれでよさそうだ。しいて考えれば，「……という批判がある」，といった表現が考えられるが，このほうがいいかどうか，疑問かもしれない。

8 —Nothing **is known** for certain, though very much **has been speculated**, of the origin of language.*

a—〈言語の起源については，非常に多くのことが推測されてきたが，確実なことは知られていない。〉

b—〈……さまざまな推測はあるが，確実なことはわからない。〉

(「推測が行なわれてきた」というような言い方も考えられる。それに,「推測がされてきた」という受身の表現も,少なくとも文章語としては,特に異和感はないかもしれない)

9―He will always **be dominated** by his wife.

a―〈彼はいつも奥さんの尻にしかれることになるだろう。〉

これはこれでいいように思える。奥さんを主語にして能動態にすることもできなくはないが,文意が少し変ってしまう。

10―His letters **were written** by his secretary.*

a―〈彼の手紙は,秘書によって書かれていた。〉
b―〈彼の手紙は秘書が書いていた。〉

11―The college **was founded** by two frontier preachers.

a―〈この大学は,開拓時代の二人の牧師によって設立された。〉
b―〈……牧師が設立した(ものだ)。〉

12―The horses **are** specially **trained** and **ridden** by professional jockeys.*

a―〈競走馬は,専門の騎手によって特別に訓練され,乗りこなされる。〉
b―〈……騎手が特別に訓練し,乗りこなす。〉

13―This theory **is** now **accepted** as true by all scientists.*

a―〈この説は,現在ではすべての科学者によって真理と受けいれられている。〉

b―〈この説は，現在ではすべての科学者が真理と認めている。〉

【§25―三つの対応策（1）　能動で訳す】　さて，以上，それぞれa, b二つの訳文を対照してみると，おのずから受動態の訳し方のコツが見えてくるのではないかと思う。そしてこのコツは，ほぼ三つのタイプに分類できるのではなかろうか。

　まず第一は，受身を避け，能動の形で訳すという方法である。今やった実例でいえば，1「話される」→「話す」，2「呼ばれる」→「呼ぶ」，4「廃案にされた」→「廃案になった」，そのほか5, 6, 8, 10, 11, 12, 13 がこの部類に入る。

　しかし，同じく能動に変えるといっても，もう少しくわしく検討してみると，実は，二つのちがった操作を行なっていることに気がつく。例えば1の「英語とフランス語を話している」という訳例と，4の「廃案になった」や5の「新聞が売れている」というのでは，こまかく言えばちがったやり方をしているのだ。1は他動詞を使っているのに，4や5は自動詞に変えているからである。

　自動詞に変える場合は，それほどむつかしい問題はない。要は，うまくそういう動詞を思いつけるかどうかだけである。上の実例の中からこのタイプを拾い出せば，6の "are taught" を「教わる」（さらにもう一押しして「習う」という訳も考えられる），8の "is known" を「わかる」（あるいは「わかっている」）としたケースなどがこれに当たるだろう。

これにたいして，他動詞の能動態に言いかえている場合は，もう少し立ちいって考えてみる必要があるかもしれない。

| English and French are spoken in Canada. |

これを，「カナダでは英語とフランス語を話している」と訳したということは，実は——

They speak English and French in Canada.

という能動態の文を，主語(they)を省略して訳した，というのと同じことになるのではないか。同様に——

| What is this flower called in English? |

を能動態にして——

What do you call this flower in English?

次に主語(you)を省略して訳せば，「この花は，英語で何といいますか」という日本文になる，と考えてよさそうである。

しかし，それなら，むしろ「この花を」とすべきではないか。それなのに，「この花は」というのはオカシイ，という反問が出るかもしれない。確かにそうなのだが，そこが実は，日本語の「は」という助詞の便利なところで，ちなみに上の **10** の例をもう一度見ていただきたい。

| His letters were written by his secretary. |

〈彼の手紙は，秘書が書いていた。〉

これも実は，**1** や **2** と同じタイプに属する。ただ，"by his secretary" と動作主が明示してあるので，**1** や **2** のように主語を省略しないで，「秘書が」と表に出したのである。以下，**11**,

12, 13 みなこのタイプだ。

そこで，先程の助詞の「は」の問題だけれども，「は」ではなくて「を」でなければならない，という考え方からすれば，今の **10** も，「秘書が彼の手紙を書いていた」という訳でなければ理屈に合わない，ということになるだろう。ところが日本語では，「彼の手紙は，秘書が書いていた」という表現が立派に可能だし，**12** の英文の意味内容には，この表現のほうが近い（「秘書が彼の手紙を……」という訳文はむしろ，"His secretary wrote his letters." の訳に相当すると考えるべきだろう）。助詞の「は」は，よく言われるように，主格とか目的格を示すというよりも，文章全体の主題をまず提示するのがその役目で，だから，この「は」をうまく利用すれば，英語の受動態を訳す時，意外に便利にコトが運ぶことがあるのである。

ちなみに，「は」と「が」の問題は，日本文法でさかんに論じられるポイントの一つだが，主題を提示する「は」の機能については，例えば北原保雄『日本語の文法』（昭和56年，中央公論社，日本語の世界6）第7章「主題をめぐる問題」などが参考になる。

【§26―三つの対応策(2)　受身のまま】　さて，上の実例のうち，**3**「拍手で迎えられた」，**7**「批判される」，**9**「尻にしかれる」などは，むしろ **受身のまま** にしておいたほうがよさそうだった。こういう例に共通に見られるのは，いったいどういう特徴なのだろうか。

まず第一に，主語がみな人間だという点が共通である。第二

に，動詞の表わしている内容が，主語に当たる人間にとって，ありがたいとか，迷惑だとかいう，特殊な利害の関係にあり，その点，「英語で何と呼ばれるか」，「大学が設立された」などというのとは，内容的に趣を異にしていることがわかる。

　ここで，改めて，日本語の受身の表現の本来の性質を，少しばかり考えておいてみなければならない。

　日本語には，例えば「親に死なれる」だとか，「雨に降られる」，「夫婦喧嘩の最中に客に来られて困った」，などという言い方がある。こういう表現は，英語の受動態では表わせない。「死ぬ」も「降る」も「来る」も，みな自動詞で，自動詞の受動態などというものは作れないからである。

　この一事からしても，日本語の受身と英語の受動態とは，本来，別の言語的カテゴリーに属するものだということがわかると思う。日本語の受身というのは，上の例で言えば，「親が死ぬ」とか「雨が降る」とかいうことが，主語である人間にとって，迷惑であるとか，被害を受けるとか，困るとか（あるいは，「褒められる」，「世間に認められる」などの場合のように，利益になる，好ましいなどという），利害の関係にあることを表わす表現の形式であると言えるのではないか（英語でこのような関係を表わす形式としては，例の，「have＋目的語＋過去分詞」〔"I had my purse stolen."「財布を盗まれた」〕という形式がある）。

　しかし，英語の受動態と日本語の受身とがまったくの別物で，重なりあう面が全然ないのかといえば，実はそうでもない。人を主語とした場合，英語の受動態でも，まさに日本語の受身に

相当する意味内容を表わしている場合があるのだ。先程の **3, 7, 9** などが実はそれで，だからこういうケースは，そのまま受身で訳してやらなければならないということになるわけだ。

【§27―三つの対応策（3）　翻訳調を生かす】　最後に，8「推測されてきた」，「推測が行なわれてきた」が残った。冒頭に述べた，翻訳調が逆に生かせる場合，というのに当たるだろうか。本来この本は，いわゆる「翻訳調」を脱出することを目標にしているのだから，「翻訳調を生かす」ことなど論じるのは，つまりは自己矛盾のように聞こえるかもしれない。しかし，現代の日本語の文章体を，あくまで実態に即して考えてみれば，研究的な論文の翻訳などの場合，ある程度，受動態をそのまま残しておいてもよい場合もあることは，やはり認めておかねばなるまい。

　いずれにしても，結論として，受動態にぶつかったら，まずともかくチェックしてみることが必要だということを，改めて強調しておきたい。ただ機械的にヨコのものをタテにするだけでは，翻訳の名に値する訳文は望めまい。

〈練習問題〉

> Ordinarily an advertisement in a newspaper or magazine is clearly identified as such, but when any doubt might exist it is dispelled instantly by the word 'advertisement' printed at the top or bottom of the page.*

〔コメント〕

次の章では，この章で経験的に引き出した原則を，実際の英文に応用する練習をしてみるつもりにしているから，ここでは取りあえず，比較的短い問題をやってみることにしよう。それでも，過去分詞の場合もふくめると，受動態の表現が三つ出ている。どれも，受身の形を使わないで訳せると思う。

　試訳──〈新聞や雑誌の広告は，はっきり広告と<u>わかる</u>場合が普通であるが，かりに疑問があるような時でも，ページの上か下の端に〈広告〉と印刷<u>してある</u>ので，疑問はすぐ<u>解ける</u>。〉
printed を「印刷して<u>ある</u>」としてみたが，大いに活用できる表現だ。一例をあげると──

　The book **is written** in plain English.
　〈この本は，やさしい英語で書いて<u>ある</u>。〉

XV. 受動態をどう処理するか(続)
——動詞(3)

　前章ではまず，受動態の例文をいくつか実践的に訳してみて，その試行錯誤の中から，帰納的に三つの対応策を引き出してみた。この章ではこれを，実際に即して練習してみることにしよう(セクション・ナンバーのダッシュの印は，例えば§25′は§25で説明した対応策の応用である，という意味)。

【§25′A—能動で訳す(1)　自動詞を使って】まず，この前の例でいえば，「教えられる→教わる→習う」式の，受身を自動詞で置き換える方式の例をやってみる。

1—Many problems still remain **unsolved**.*

　〈未解決の問題がまだたくさん残っている。〉
　〈まだ解決のついてない問題は少なくない。〉

2—The whole world is rapidly **becoming Americanized**.*

　〈世界全体が急速にアメリカ化している。〉

3—The lives of most men **are determined** by their environment.

　〈ほとんどの場合，人の生涯は環境によって決まる。〉

4—The door **was shut** at six when I went by, but I don't know when it **was shut**.

〈私が6時に通った時には，ドアはもう閉まっていました。しかし，いつ閉まったのかは知りません。〉

【§25′ B―能動で訳す(2)「は」を活用して】 次は，助詞の「は」をうまく活用できるタイプ。これは意外に多い。

1―His words cannot **be relied upon**.*

〈彼の言うこと<u>は</u>当てにできない。〉

2―The leg should have **been cut off** below the knee.*

〈脚<u>は</u>膝から切断しておくべきだった。〉

3―The illness **was brought about** by poor food.*

〈この病気<u>は</u>粗食が生んだものだった。〉
〈……粗末な食事が原因だった。〉

4―This matter must **be looked into** carefully.*

〈この問題<u>は</u>十分に検討してみなければならない。〉

ただし「は」ではなく「を」でないと具合の悪い場合もある。

5―A doctor must **be sent for** at once.*

〈すぐに医者<u>を</u>呼ばなくては。〉

6― In a democracy laws may **be changed**, but must not **be broken**.

〈民主主義の国家では，法律<u>を</u>変えることはできるが，破ってはいけない。〉
〈……法律<u>を</u>変えることは許されるが，破ることは許されな

い。〉

（結果的に,「許される」という受身が出てきてしまったが,すでに日本語に定着した表現と考えていいだろう）

　さて,今まではすべて,動作主を裏に伏せて処理してきたわけだが,同じく「は」を活用するにしても,場合によっては,「誰も」とか,「誰でも」といった形で,動作主を表に出してやったほうが,日本語の表現としてぴったりするケースもある。

| 7—What he said **was considered** to be of no importance.* |

　〈彼の言葉は,誰も重要とは考えなかった。〉

　〈……誰も重視しなかった。〉

| 8— This name **is** well **known** to us as belonging to the president of the largest bank in the city. |

　〈この名前は,この町でいちばん大きな銀行の頭取の名前として,誰でもよく知っている。〉

【§25'C—能動で訳す(3)　主語と動作主を入れかえて】　能動で訳すカテゴリーの最後に,実はこの方法は前章の例文にははっきり出ては来なかったのだが,受動態の主語と動作主(by以下)とを入れかえる,という対応策を見ておこう。次のような例は,結局この方法で処理するのが,いちばん得策なのではないかと思う。

| 1—He rose to speak and **was listened to** with enthusiasm by the audience. |

〈彼は立ち上ってしゃべった。聴衆は熱心に耳を傾けた。〉

2—The dining-room was small, and the greater part of it **was filled** by an immense table. ——Maugham, *The Painted Veil*.

〈食堂は小さく，しかも巨大な食卓が部屋の大部分を占領していた。〉

【§26′ A—受身のまま（1）】　英語の受動態にも，日本語の本来の受身と同様，「被害」とか「迷惑」（「親に死なれる」，「雨に降られた」），あるいは「受益」（「世間に認められる」，「先生に褒められた」）といった，特殊な利害関係を表わす表現に相当する場合があることは§26で観察した。こういうケースを，次にいくつかやってみよう。

1—He **was laughed at** by everybody.*

〈彼はみんなに笑われた。〉

2—We **were caught** in a shower on our way home.*

〈帰る途中，夕立ちに降られた。〉

3—The baby **was saved** by a policeman.*

〈赤ん坊は警官に助けられた。〉

4—The boy **was found** employment in a newspaper office.*

〈少年は，新聞社に職を見つけてもらった。〉
（「受益」に当たる時は，この例のように，「……してもらう」という表現が活用できる。）

5—Hammond **was** much **liked** and on the whole **thought highly of**.

〈ハモンドは(人に，みんなに)大いに好かれ，概して尊敬もされていた。〉

6—No human being can achieve any unusual success without **being attacked** by jealous people.

〈多少とも人目につくような成功を収めると，かならず嫉妬深い連中に攻撃されるものである。〉

【§26′B—受身のまま(2)】 以上はいずれも人間が主語の場合だが，次のような例もこれに準ずると考えていいだろう。直接には人間以外の物が主語だが，訳では人間を主語に置きなおしたほうがよさそうである。

1—His weakness **was taken** undue **advantage of**.*

〈彼は，弱点を不当に利用された。〉

〈……弱点につけこまれた。〉

2—His arm **was** almost **bitten** through by a crocodile.*

〈彼は，もう少しでワニに腕を食いちぎられてしまうところだった。〉

こういうところでも，主題提示の「は」が活用できるわけだ。

【§27′—翻訳調を生かす】 この前の章でも触れたように，翻訳調の受身も，現在では日本語の文章としてかなり定着しているの

で，必要以上に神経質にこれを排除しようとするのは，一種のピューリタニズムというものかもしれない。とにかく，いくつか実例を検討してみよう。

1—The original purpose **was** gradually **lost sight of**.*

a—〈本来の目的は，しだいに見失われていった。〉

b—〈人々は，しだいに当初の目的を見失ってしまった（見失っていった）。〉

b は，§25′Cでやった方法——つまり，動作主を主語にするという方法を応用したものだが，はたしてこの二つの訳例のうちどちらがいいか，にわかには決めがたいと思う。

2—Every allowance **was made** for unseen circumstances.*

〈不測の事態にそなえて，あらゆる考慮がはらわれた。〉

これはこれでいいのではないか。

3—It is now almost sufficient to discredit any policy to suggest that it bears some resemblance to something that has **been done** in Russia.——E. H. Carr, *The New Society*.

〈今日では，どんな政策でも，その信用を落とすためには，かつてロシアで行なわれた方法と似ていると言いさえすれば，それで十分なくらいである。〉

「かつてロシアが行なった（取った）政策」といった訳文も考えられる。

4—The new Japan, in which democracy and individual liberties **are considered** the natural right of each individual, is still a long way from materialization. Before this kind of society can **be brought** into being, many painful changes will assuredly come about.

a―〈新しい日本では，民主主義と個人の自由があらゆる個人の生得の権利と認められる(であろう)が，そうした新しい日本が実現されるのはまだまだ遠い将来のことであろう。こうした社会が実現されるまでには，多くの苦痛にみちた変化が必要とされるにちがいない。〉

b―〈新しい日本では，誰しも，民主主義と個人の権利は万人の生得の権利と認めるだろうが，そうした新しい日本が現実のものとなるのはまだ遠い未来のことである。こうした社会が実現するまでには，さまざまの苦痛にみちた変化が必要であるにちがいない。〉

以上，どの例の場合も，どちらがいいか，かなり微妙で，一概に受身の訳文を否定できないのではないかと思う。ポイントは，むしろ，どんな場合にも，ただ機械的に受動態を「された」と訳すのではなく，能動に訳すことはできないかどうか，まずチェックしてみた上で，改めて，どちらがいいか決めるということである。

【§28―応用問題】 さて，最後に，今までやったさまざまな対応策を臨機応変に組みあわせて，応用問題をやってみることにしよう。読者もぜひ，まず自分でペンを取って訳し，その後で，私の試訳と比較検討してみていただきたい。

1―A weary brain cannot **be made** to perform good work.

Often much more **is gained** by a walk through the green fields than could **be acquired** by the study of books.

〈疲れた頭では，うまく働かせることはできない。緑の野原でも歩いてみるほうが，ただ本にかじりついているより，よほど能率のあがることが多いのだ。〉

2—Our garden **was made** by the help of a dead friend. The trees and flowers **are** now **taken care of** and **enjoyed** with sweet memories of that kind-hearted man.

〈うちの庭は，もうなくなりましたが，友人の手を借りて作ってもらったものです。今でも，木や花の世話をし，その美しさに見ほれていると，あの心やさしい人のことが，なつかしく思い出されるのです。〉

3—To taste the full joy of exploration it is not necessary to go to the ends of the earth. Such adventures **are reserved** for the giants among us. There is a vast world of interest at our very doors which, to **be understood** and **enjoyed**, must **be discovered** anew by each one of us individually.

〈探険の面白さを十分に味わうには，別に地球の涯まで出かけてゆく必要はない。そんな冒険は，特別の能力に恵まれた人に任せておけばいいのだ。家の玄関を一歩外へ出ただけでも，実はまことに興味深い世界がそこにひろがっているのであって，ただその面白さを知り，味わうためには，一人一人がみずからの目で，新しく発見しなおすことが必要なだけである。〉

〈練習問題〉

「応用問題」をやった後で，またまた「練習問題」とは，いかにもクドいようだけれども，しかし何しろ受動態は，翻訳上，最重要ポイントの一つだから，どうしてもクドくやっておかなくてはならない。それどころか，次の章では，受動態の演習までやるつもりでいるのだから。

さて次の英文には，過去分詞の形容詞用法までふくめると，受動態が六個も出ている。能動に言いかえた場合，受身のままに残した場合など，いろいろの手を使いわけてみたつもりである。十分検討してみていただきたい。ただし，もちろん，私の試訳が絶対であるわけではまったくないが。

> It is essential to the concept of culture that biologically inherited forms of behavior be ruled out. Culture is wholly the result of social invention, and it may be thought of as social heritage for it is transmitted by precept to each new generation. What is more, its continuity is safeguarded by punishment of those members of a society who refuse to follow the pattern for behavior that are laid down for them in the culture. ——E. A. Hoebel, *The Nature of Culture.*

試訳——〈文化の概念にとって本質的に重要なのは，人間が単に生物として祖先から受け継いできた行動の型は除外するということである。文化はまったく社会の作り出したものであって，社会的に伝えられてゆくものと考えてよい。というのも文化は，社会的規範を通じて次の世代へ伝達されてゆくからである。そればかりではない。文化の伝達をさらに確実に

するためには，ある種の罰則さえ存在する。つまり，もし社会の成員の中に，文化の規定する行動の型に従おうとしない者が出てくれば，その成員はある種の懲罰を受けるのである。〉

〔コメント〕

（1）"biologically inherited"—単に「生物学的に継承された」などとするより，やはり試訳のように読みくだいてやったほうがいいだろう。

（2）"be ruled out"—これもやはり，能動に言いかえたほうがいいと思う。§25 Bの応用である。

（3）"may be thought"—これも同じ。

（4）"it is transmitted"—ただしこれは受身のままで残した。それに，すぐ前の"social heritage"も，動詞に読みほどく工夫を施しているわけだが，その際「社会的に伝えられてゆくもの」と受身を使った。この例文のように多少とも学術的な文章なら，この程度の受身はむしろ自然ではないかと思うのだけれども，どうだろうか。いずれにしても，§27，「翻訳調を生かす」の応用である。

（5）"is safeguarded"—この場合は楽に能動に言い換えられる。

（6）"those members ... who refuse"—この関係代名詞の処理，「いったん切る」という手法，それにもう一つ，「接続詞を補う」という手法を組み合わせた応用である。

（7）"are laid down ... in the culture"—能動に言い換えると同時に，多少の圧縮を加えてみた。あまり個々の字句にこだ

わりすぎると，不必要にクドクドしい訳文になってしまいそうである。

練習問題

XVI. 演習(4)──受動態

　さて，お約束どおり，受動態の演習である。はじめに，XIV, XV章で検討した結論を，ここで改めて復習しておくことにしよう。

　受動態を訳す時の対応策としては──

　A. 能動で訳す

　（1）自動詞で置きかえる

　　Blind people **are taught** to read special books **printed** with raised letters.*

〈盲人は，点字で印刷した特別の本の読み方を教わる（習う）。〉

　（2）主題提示の「は」を活用する

　His letters **were written** by his secretary.*

〈彼の手紙は秘書が書いていた。〉

　（3）「誰も」を入れる

　What he said **was considered** to be of no importance.*

〈彼の言うことなど，誰も重視しなかった。〉

　（4）動作主を主語にする

　He **was listened to** with enthusiasm by the audience.*

〈聴衆は熱心に彼の言葉に耳を傾けた。〉

　B. 受身のまま

英語の受動態が，日本語の受身に相当するような，「被害，迷惑」，あるいは「受益」などの利害関係を表わす場合。

| We **were caught** in a shower on our way home.*

　　〈帰る途中，夕立ちに降られた。〉

| The boy **was found** employment in a newspaper office.*

　　〈少年は，新聞社に職を見つけてもらった。〉

これらに準ずるケースとして——

| His arm **was** almost **bitten** through by a crocodile.*

　　〈彼は，もう少しでワニに片腕を食いちぎられてしまうところだった。〉

C. 翻訳調を生かす

固い論文などの場合，文体的な配慮からして，逆に翻訳調を生かし，受身のままにしておくほうが，むしろ好ましい場合もありうる。

さて，ではいよいよ，こうした対応策を臨機応変，自由に組み合わせて活用できるように，演習をやってみることにしよう。

1—Most objects are gained by gradual steps ; for example, the supersession of absolute monarchy by democracy. Here, however, we are concerned with an objective which cannot be reached step by step.

訳例①（A. I. さん）——〈(1)多くの目的は，徐々に段階を経て(2)達せられる。専制君主制から民主制に(3)移り変ったのもその

一例だが，ここでは，一歩一歩(4)到達することのできない対象を(5)問題にしている。〉

〔コメント〕

（1）「多くの目的」——"Most"の扱い方については，第X章の「述語的に訳すべき形容詞」の項（特に§17 B）を参照していただきたい。「……が多い」とか，あるいはさらに副詞に置きかえて，「ほとんどの場合」といった形にしてみるのも一法だろう。

（2）「達せられる」——翻訳調を生かそうという意図かもしれないが，別にことさら受身の形にこだわることはないだろう。

（3）「移り変った」——名詞句を動詞句に読みかえるという原則をきちんと実行していて，結構。

（4）「到達することのできない」——能動に置きかえた工夫はよし。ただ，「一歩一歩到達できない」というのは，少々曖昧さが残るかもしれない。原文の言わんとしているのは，「一歩一歩では到達できない」ということ。表現のニュアンスを大事に。

（5）「問題にしている」——語順の問題として，原文どおり，前に持ってくることはできないだろうか。

訳例②（R. M. さん）——〈目的は，漸次達成(1)されて行くのが(2)普通だ。例えば，絶対王政が民主主義に(3)取って替わられたように。しかしながら，(4)ここで問題にするのは，段階を経ていたのでは(5)到達することのできない目的についてである。

〔コメント〕

（1）「されて行く」——これも訳例①の時と同様，できれば何とかしたい。

（2）「普通だ」——"Most"に対応するわけだが，先程言った変換がきちんとできていて，この工夫，大いに結構だと思う。

（3）「取って替わられた」——動詞句に読みかえたのはいい。ただ，わざわざ受身の形に言いかえなくてもよいのではないか。

（4）「ここで問題にするのは」——語順を原文に近づけるのに成功している。大変よい。

（5）「到達する」——能動に置きかえた点，訳例①と同様，結構。それに，「段階を経ていたのでは」という表現は，訳例①の問題点を解決している。

安西試訳——〈およそ物を手に入れるには，徐々に，段階を経るしかないのが普通である。例えば絶対王制に取って代って，民主制が成立した場合などもそれであった。だがここで問題にしているのは，一歩一歩到達できる種類の事柄ではない。〉

2— There are several arts which are so widely practiced in Japan that they may be considered an integral part of its culture but which are nevertheless practically unknown to the world at large. Among these are the twin arts of reading and writing haiku. These two are ancient arts, for their seeds were sown well over seven hundred years ago.

訳例①(A.K.さん)——〈日本では，あまりにも広く (1)普及している芸術なので，日本文化の不可欠な部分と (2)見られているが，それでもやはり (3)実際には，世界一般には (4)知られていない (5)ものがある。その中には，俳句を解し，また詠むという (6)対句的な芸術がある。この二つは古い芸術である。とい

うのは，その種子は700年以上も前に (7)まかれたものだから である。〉

〔コメント〕

（1）「普及している」——"are...practiced"という受動態の言い換えとして，いい工夫だと思う。ただ，"practice"という言葉の意味あいが，かならずしも十分に出ていないのが残念。むしろこの場合こそ，例えば「行なわれている」といった受身の表現でも，すでに日本語にも定着している表現として，許容できるのではないか。

（2）「見られている」——むしろこちらこそ，能動に置きかえてやりたいし，やれると思う。

（3）「実際には」——"practically"の訳だろうが，誤訳といっていい。これは直接"known"を修飾していて，「ほとんど知られていない」の意味。

（4）ところでその「知られていない」だが，これも今では日本語の表現としてacceptableとも考えられる。しかし，工夫の余地もないわけではない。

（5）「ものがある」——第一に語順の問題として，冒頭の"There are several arts"の部分を，かりに全部は無理としても，せめて一部分でも前に出しておいてやりたい。それに"several"がこの訳では出てないけれども，これも，§19 B, "All, Every, Each, Both"の処理法を応用すれば，訳文に移すことも不可能ではない。つまり「いくつかある」と，副詞に言いかえてやるのである。

（6）「対句的な」——これはやはり具合が悪い。もちろん"twin"の訳だろうが，むしろ「一組の」ぐらいでどうだろうか。しかし，翻って考えてみると，この文章は要するに，俳句のことを知らない外人にむかって，かなり初歩的な説明をしているわけで，日本人読者を対象とする場合，いっそカットしたほうがいいのではあるまいか。

（7）「まかれた」——何とか能動にできないものか。それに，「種子を播く」という比喩的表現を，そのまま訳文でも踏襲する必要があるかどうかということ自体，疑問といえば疑問かもしれない。

訳例②(N.T.さん)——〈日本に非常に広く(1)しみわたっていて，日本の文化にとっては欠くことのできないと(2)言ってもいいような芸術が(3)いくつかあるが，世界的にはほとんど知られていない。俳句を鑑賞し，俳句を詠むのもその一つである。古くからある芸術で，(4)その起源は700年以上も昔にさかのぼる。〉

〔コメント〕

いろいろ工夫がしてあって，いいと思う。ただ——

（1）「しみわたって」——能動にしたのはいいが，"practiced"の意味からは，ますます離れてしまう結果になった。

（2）「言ってもいい」——結構。

（3）「いくつか」——訳例①のコメントがちゃんと実現されている。結構。

（4）「その起源は……さかのぼる」——これも訳例①のコメン

トで触れたことだが,「種子を播く」という比喩を思いきって捨てたことで,かえってスッキリしたように思う。

ちなみに,単にこの例だけに限らず,一般的な問題として言えば,原文の比喩的表現が抜きさしならぬ表現上の意味をもっている場合は別として,それほど本質的ではない場合,かならずしも比喩にこだわる必要はないのではないかと思う。うまく訳出できれば,それに越したことがないのは言うまでもないけれども。

安西試訳——〈日本の芸術の中には,国内でこそひろく行なわれていて,日本文化の欠かせない一部と見てよいほどであるのに,海外ではほとんど誰も知らないといった形式がいくつかある。俳句の鑑賞や創作もその一つで,非常に長い伝統をもち,その起源をたどれば,ゆうに700年以上昔にさかのぼる。〉

前半の部分,語順の問題を重視し,また,あくまで能動に書きかえようと思えば,こんな訳文も考えられるかもしれない。

〈日本の芸術の中には,日本固有の形式がいくつかある。つまり,日本国内でこそ非常に多くの人がたしなんでいるにもかかわらず,海外ではほとんど誰も知らないといった形式である。〉

3— The world in the years immediately after the great war was like a man who had some surgical operation very roughly performed, and who is not yet sure whether he can

now go on living or whether he has not been so profoundly shocked and injured that he will presently fall down and die.
——H. G. Wells

訳例①(A. K. さん)——〈大戦直後の数年間，世の中というものは，命にかかわるような (1)外科手術を，とても乱暴に (2)施された人間の (3)ようであった。まだ生きつづけてゆけるのか，それとも，あまりひどいショックを受け，(4)傷つけられてしまったので，今にも倒れ伏して死んでしまうのではないかもはっきりしない。〉

〔コメント〕

（１）「外科手術」——英語では，いきなり"operation"といっただけでは，「手術」の意味だとわかりにくい。だから"surgical"がついているわけだけれども，日本語で「手術」といえば「外科手術」に決っている。こまかいことを言うようで気がひけるが，やはり，私としてはちょっと気になる。

（２）「施された」——原文は例の，have＋目的語＋過去分詞の，まさに日本語の受身に相当する形になってはいるが，かならずしも「施される」と，受身に訳す必要はないかもしれない。

（３）「ようであった」——また語順の問題だが，この訳例のままだと，読者はおそらく，「命にかかわるような……」が唐突すぎて，いったい大戦後の世界とどんな関係があるのか，面くらうのではあるまいか。英語では，まず"like"が来ているから，なるほど，これから比喩がつづくのだなと，読者のほうにも心の準備ができている。原文の思考の流れを乱さないという原則は，

実はこういう所にも現わされてくるのであって、訳文にも、まず、"like"に相当する言葉を先に出しておいてやりたい。

（4）「傷つけられ」——せっかく"be shocked"を「ショックを受け」と能動にしているのに、"be injured"のほうは受身のままというのはいささか残念。

訳例②（R. M. さん）——〈大戦直後の数年間というもの、世界は(1)まるで、生死にかかわる(2)外科の大手術を手荒に(3)やられた人間のようなものであった。もう生命に別条はないのか、それとも(4)衝撃や傷が深すぎて、今にも参って死んでしまいそうなのかも、まだはっきりしていなかったのである。〉

〔コメント〕

よく出来た訳だと思う。ほとんど手を入れる必要はない。いくつかコメントを加えておくと——

（1）「まるで」——訳例①のコメント（3）で言ったことを念頭において、二つの訳を読みくらべていただきたい。この、ほんの小さな「まるで」という言葉ひとつで、訳文の流れがずっとよくなっているのが分っていただけると思うのだが。

（2）「外科の」——訳例①のコメントの冒頭に書いたとおり、これはいらない。これだと、まるで内科のお医者さんも手術をするみたいに聞こえかねない。

（3）「やられた」——確かにここには、「被害」という利害関係が成立していて、受身で訳すべき場合にはちがいないのだけれども、例えば手術を「受ける」という表現もありうると思う。

（4）「衝撃や傷」——これは大変いい工夫だと思う。前にも何度

か言った「圧縮」の技法がよく生かされている。この工夫は，私の試訳にも借用したい。

　安西試訳——〈大戦直後の世界は，あたかも命にかかわる大手術を，ひどく手荒に受けた人に似ていた。これでまた生きつづけてゆけるのか，それともショックと傷が深すぎて，今にも倒れて死んでしまうのか，自分でもはっきりわからぬ状態だったとでも言えようか。〉

4—For centuries the people of Japan have been trained to speak vaguely in order to avoid the direct statement that might offend. In the culture which demands that directness and abruptness are carefully avoided, one must "talk around" the subject. Then, too, it must be remembered that the people of Japan have always been taught to supress their emotions. One should not, they believe, express an excess of joy or satisfaction lest another person less fortunate should become aware of their own unhappy states.

　訳例①（A. K. さん）——〈(1)<u>数世紀のあいだ</u>，物事をはっきり言わないのが日本人の(2)<u>習慣だった</u>。単刀直入な話し方で，人に不快感を与えたりしないためである。日本では，あからさまな，直截な表現をしないような気をつけ，話は遠まわしに(3)<u>すること</u>。また日本人は感情を抑える訓練を常に(4)<u>している</u>ことも(5)<u>忘れてはならない</u>。過度の喜びや満足を表に出さないほうが(6)<u>よいのは</u>，あまり幸せでない人に，自分の不幸を意識させるといけないからだと日本人は思っている。（こ

の問題は長いから，訳例は，A.K.さんの場合ひとつだけにしておこう）

〔コメント〕

（1）「数世紀のあいだ」——これはいかにも固い。せめて「何世紀ものあいだ」とでもしてみれば？

（2）「習慣だった」——能動に置きかえようとするのはいいが，意味が変ってしまっては元も子もない。それに，この場合は，「受益」か「被害」かははっきりしないとしても，「受身のまま」でいいケースに入るのではあるまいか。せめて「習う」あたりではどうだろう。

（3）「すること」——この一文（「日本では，あからさまな」以下），訳文の意味がよくわからない。ひょっとすると，原文の構文がよく取れてないのかもしれない。

（4）「している」——原文の"have been taught"を，「訓練している」という能動に言いかえた工夫は買える。

（5）「忘れてはならない」——"it must be remembered"の訳として，なかなか結構。

（6）「よいのは」——本文の語順に従って，"lest"以下を後に持ってこようとした努力は買いたいけれども，多少，意味のズレが生じているかもしれない。

安西試訳——〈日本人は過去何世紀にもわたって，あまりズケズケものを言い，他人の感情を害してはならないとしつけられてきた。明らさまな，露骨なものの言い方は注意して避けねばならない。こういう文化の伝統のもとにあっては，遠まわしな表現が必要となる。それに，もう一つ忘れてならない

のは，日本人はいつも，感情を抑し殺すように教えこまれてきたことだ。日本人の考えでは，よろこびや満足を，あまり強く表に出してはいけない。それほどの幸運に恵まれていない他人に，自分の不幸を思い出させてはいけないと考えるのである。〉

XVII. 仮定法の問題点——動詞(4)

　さて今度は，仮定法の問題点を拾いあげてみることにしよう。
　日本語の動詞には，もちろん，仮定法（あるいはむしろ叙想法）という，独立した「法」(mood)は存在しない。一般にインド・ヨーロッパ語族では，仮定ばかりではなく，願望，期待，祈願など，話者の頭の中にしか存在しない主観的内容を表現するには，客観的な事実をそのまま事実として述べる直説法とは別個の，独立した表現の体系をもっているわけだが，日本語はこの点，非常にルーズで，こんな厳密な区別はしない。ただ，接続詞や助動詞を使って，一般的な仮定や推量を表現することしかできない。そこで，英語の叙想法を日本語に訳そうとしてみても，もうひとつピシャリと移せないケースが往々にして出てくることになるのだが，それは後で詳しく見ることにして，最初はまず，やや初歩的な問題を片づけておくことにしよう。

【§29—主語に仮定がふくまれている場合】

1—*A little reflection* **might have reminded** me that my own talk was no better than theirs.

　こういう文章は，"A little reflection"という主語の部分に，if clause が隠されていると考えるとよくわかる。そこで——

〈少し反省してみれば，私のしゃべっていることも，あの連中のおしゃべり同様，くだらないものだと気がついたはずだった。〉

だが実は，このタイプの文章は，前に一度練習したことがある。第III章§9C, 無生物主語に「仮定法がふくまれている場合」で，例えばこんな例文を扱ったのを御記憶だろうか。

> A slight slip of the doctor's hand **would have meant** instant death for the patient.

〈医者の手がほんの僅かすべっても，患者はたちどころに死んでいたにちがいない。〉

できれば，あの個所をもう一度読み返してみていただきたいのだが，念のために，あと二つばかり例題を挙げておこう。

> 2—A single real friend is a treasure worth more than gold or precious stones. All the wealth of the world **could** not **buy** you a friend or **pay** for the loss of one.

〈真の友人は，たとえたった一人でも，黄金や宝石にまさる宝である。世界じゅうの富を投げ出してみたところで，友人を買うことなどできはしないし，友人を失った代償になるものでもない。〉

> 3—Science has fallen into disfavour with a school of thinkers for no better reason that a *world* in which there were nothing but science **would be** deficient in passion or beauty.

〈自然科学は，ある種の思想家の先生がたには人気がない。とはいえ，別にさしたる理由があるのではない。ただ，かりに

〈科学以外には何もないような世界が到来すれば，情熱や美がなくなってしまうだろうというだけのことなのである。〉

実はこの3のタイプの文章は，すでに前に一度検討したことがある。御記憶だろうか。第VII章「関係代名詞」の§13,「接続詞を補う」の項で,「関係代名詞の節に仮定法がふくまれている場合，かならずifを補って読みかえる」ことが必要なことを御説明した。そこで挙げた例文を，ここでもう一度復習しておいていただきたい。

【§30—副詞(句)に仮定がふくまれている場合】 今やった例では，関係代名詞のみちびく形容詞節に仮定がふくまれていたわけだが，かりにif...がなくとも，副詞(句)に仮定が暗示されているケースも多い。今度はこのタイプの例をいくつか見ておこう。

1 —I'd never **have dared** do it *by myself,* but sharing the danger with my sister made it all right.——Noel Coward, *Still Life*.

〈私一人だったら，とてもそんなことやる勇気なかったわ。でも妹といっしょだったから，少しぐらい危なくっても平気だと思ったの。〉

2—*A hundred years ago* not a doctor in the world **could have assured** a patient that an operation would be painless.*

〈かりに100年前だったら，安心なさい，手術は痛くなんかありませんと患者に言える医者は，世界じゅうに一人としてなかったにちがいない。〉

3―None of us *in the presence of Socrates* **could have** safely **indulged** in our normal practice of using words without a precise idea of their meaning.

〈誰しも,もしソクラテスの前に出たら,普段よくやるように,厳密に意味も考えないで言葉を使うことなど,できなかったはずである。そんなことをすれば,かならずソクラテスのきびしい批判を受けていたにちがいない。〉

この"safely"は,第Ⅹ章でやった「文修飾の副詞」(§18)の典型的な例と言えるだろう。それがここでは仮定法と結びついているので,ちょっとややこしいことになっている。勢い,「そんなことをすれば……」という,いささか長目の補足を付け加えざるをえなかったのだが,もう少し tight にまとめる工夫はないものか。もう一度やってみよう。

〈誰しも普段は,別に厳密に意味など考えないで言葉を使っているけれども,もしソクラテスの前でそんなことでもすれば,かならずその点を突かれたにちがいない。〉

【§31―Otherwise】 文法的には§30のカテゴリーに属するが,私自身,翻訳していてよく頭を悩ませる難物に,otherwise という副詞がある。時に非常な厄介のタネになることがあるので,特に一項を割いて検討しておくことにしよう。

1―Through worldly loss he gained an insight into spiritual truths to which he **might** *otherwise* **have been** a stranger.*

これなどは比較的簡単だろう。「さもなければ」といった訳語で一応は間に合いそうである。

〈世間的には失敗したおかげで，彼は精神的真実というものに目ざめた。さもなければ，こうした真実にたいしては，まったく無縁なままでいただろう。〉

しかし，単に「さもなければ」で片づけるのではなく，別の表現を工夫してみる余地がなくはない。例えば——

〈世間的には失敗して，彼は精神的真実に目を開かれた。こんな経験でもしなかったら，精神的な問題に関しては，彼はまったく盲目のまま終っていたに相違ない。〉

2—New knowledge may make the course of events completely different from what **it would** *otherwise* **have been**; this was, for instance, a result of the discovery of America.*

これなどは，今の例文よりは大分むつかしい。叙想法のない日本語では，ちょっと手が出しにくい。一応——

〈新しい知識がもたらされると，そんな知識が現われなかった時にくらべて，事態がまったくちがった形で発展する場合がある。例えば，アメリカ発見の結果がこれであった。〉

しかし，どうも，もう一つ落ちつかない。むしろ，思い切って圧縮したほうがよさそうだ。

〈新しい知識がもたらされると，事態がまったく予想もしない方向に発展することがあるものだ。……〉

しかしこれが，さらに次のようなケースになるとどうにもならない。関係代名詞の時の窮余の一策を応用して（そして実際，ここでは関係代名詞がからんでいるので余計扱いにくくなってい

るのだが），思い切って分解ないし解体するしか手はあるまい。

3―Of escapes from the pressure of an increasingly mechanized life to occasional outbursts of excitement there is much to be said. They are natural, perhaps needful, refuge from a world whose tightly woven days **would** *otherwise* **be** unbearable.――I. Edman.

〈ますます機械化のひどくなる毎日の生活から脱出して，時々思いきり興奮を爆発させるということにも，大いに弁護の余地はある。こうした逃避は自然な，そしておそらくは必要なことであって，というのもこんな逃避でもなかったら，あまりにきっちり目のつまった毎日の生活は，到底耐えられなくなるだろうからである。〉

【§32―発想を転換する】　今の2や3などもこの部類に入るかもしれないが，この章の最初にもちょっと触れたとおり，ともかく日本語の仮定・推量の表現だけでは，英語の叙想法の意味あいを背負い切れないことが多いから(特に単なる仮定や条件を表わすのではなく，話者の頭の中にしか存在しない非現実の想定を述べているのだということが，なかなか出ない)，場合によっては大胆に **発想を転換して**，直説法に置き直したほうがピンとくるケースがままある。

例えば――

1―If it **wasn't** that you have been ill, I **should consider** your work unsatisfactory.*

これを――

〈もし君が病気だったのでなかったら，君の仕事は不満だと思うだろう。〉

と訳したのでは，もひとつピンと来ないのではなかろうか。むしろ逆の発想を持ちこんで――

〈病気だったのだから仕方ないようなものの，君の仕事はあまり上出来とは言えないな。〉

〈病気だったからと言えばそれまでだが，君の仕事にはあまり感心できないね。〉

この方がよほどわかりやすいと思う。

2―I do not know what I **should do** for relaxation, **were** it not for the innumerable detective stories.*

〈探偵小説が山ほどあるからいいようなものの，さもなかったら，どうやって気晴らしをすればいいか見当もつかない。〉

3―**Had** she not **been** so tall it **might have suggested** itself to you that she was corpulent.

〈背が高かったから救われていたが，さもなければ，肥っているという印象を与えたにちがいない。〉

4―I **would have been** altogether frustrated, but for the fact that it was so pleasant where we were already, with a fine view of Rome. ――P. Milward, *In Search of the Sources of Western Culture.*

〈私は，まったく意気阻喪してしまうところだった。ただ，せめてもの慰めは，今いる場所がもう十分に快適で，ローマ

の眺めがすばらしいということだった。〉

5—I wish I **could have been** of more use to you.

〈もっとお役に立てればよかったのに，残念です。〉

6—**Could** we **choose** our environment, and **were** our desire in our undertakings synonymous with natural endowment, all of us **would**, I suppose, **be** optimists.

これなど，思いきってこんなアプローチをしてみてはどうだろうか。

〈われわれには，思うがままに環境を選ぶことなどできないし，こんなことをやってみたいと思っても，そんな能力が生来そなわっているとは限らない。もしこれが逆であったら，誰しもオプティミストになれるのかもしれないが，そうでない以上，無理な話だ。〉

要するに，すでに何度も繰り返してきたとおり，表面の形に縛られず，必要とあらば大胆に発想を転換して，内容の上での対応を実現しようと工夫することである。この大原則が，仮定法の時には特に必要だと言えるかもしれない。

〈練習問題〉

The growth of the United States is a process that has no precedent in the world's history. Such a community could not have come into existence before ; and if it had, without railways it would certainly have dropped to pieces long before now. Without railways or telegraph it would be far easier to govern California from Peking than from

Washington.

試訳——〈アメリカ合衆国の発展は,かつて世界の歴史に先例を見ない現象である。これほど(巨大な)社会は,それ以前にはそもそも成立することが不可能だったはずであって,かりに成立したとしても,鉄道というものがなければ,たちまち分裂,瓦壊していたにちがいない。もし鉄道や電信がなかったとしたら,例えば北京からカリフォルニアを支配するほうが,ワシントンを首都としてカリフォルニアを統治するより,はるかに容易だったに相違ない。〉

〔コメント〕

"if it had"という副詞節以外にも,副詞や副詞句が if-clause の代りをしている例がいくつか出ている。まず "come into existence before" の "before",それに,その後に二回出てくる "without"。さてその "if it had" という節自体だが,原文では反復をきらって省略してあるけれども,訳文では "if it had come into existence" と完全な節の形に戻してからでないと訳しようがなさそうだ。§12でやった「名詞の反復を避けるための that, etc.」で検討したことが思いあわされる。後でやる§40,「省略・共通構文」でも,やはり同じ問題が出てくることになると思う。

XVIII. 直接話法を生かす──話法(1)

　さてこの章では,「話法」の問題を取りあげてみよう。これも,日本語と英語の発想のちがいがいちばん端的に現われる問題の一つで,すでに何度か触れてきたとおり(特に第XIII章「時制」の§21C,「歴史的現在」の項などを参照していただきたい),日本語の発想に忠実な訳文をものするためには,大いに工夫の必要な点だし,そして実際また,その工夫が大いに生きる点でもある。

　結論をまず言ってしまえば,少なくとも私の経験からすると,日本語では **直接話法を生かす** ことが非常に効果的であるように思える。というのも日本語は,ある具体的なコンテキストに即してものを言う傾向が強いからで,直接話法的発想を利用して情況を髣髴させるのは得意だが,客観的な論理に即して事実を述べる間接話法の発想は,どうも日本語の基本的な性格にそぐわないのではないかという気がする。

　とにかくまず,江川さんの本からいくつか実例を取りあげて,この点を実践的,具体的に考えてみることにしよう。

【§33─実例の検討】
| **1**─They told me (that) they had not heard anything about it.* |

　これを極端に「忠実」に直訳するとすれば,こんなことにでもなるだろうか。

a—〈彼らは私に，彼らはそれについて何も聞いてなかったことを語った。〉

もちろん，しかし，こんな訳をする人は誰もあるまい。すでにやった代名詞(第Ⅴ章「代名詞は切れ」)，それに時制の処理の方法(第ⅩⅢ章の§23「時の一致」——要するに，日本語では「時の一致」という規則は成り立たないということ)を参照していただくまでもなく，当然，例えば次のような訳文が考えられるだろう。

b—〈彼らは私に，それについては何も聞いてないと言った。〉

しかし，改めてこの訳文を読み返してみれば，「それについては何も聞いていない」というのは，実はそのまま直接話法になっていることに気がつくのではあるまいか。そして実際，この**b**は，むしろ次の英文(上の例文の内容を直接話法で書いたもの)の訳に相当すると言えそうである。

They said to me, "We have not heard anything about it."

もし，日本語では**a**の訳が成り立たないというのであれば，それはつまり，日本語では厳密には間接話法は成り立たない，ということになるかもしれない。

もう一つ例を挙げてみよう。

| 2—Father asked me who was going to cook lunch that day * |

a—〈父は私に，その日は誰が昼食を用意することになっていたのか，たずねた。〉

これでは，しかし，「その日」というのが，いつか別の日だったように聞こえる。むしろ直接話法式に訳して——

b—〈父は私に，今日は誰が昼食の用意をすることになってい

るのかとたずねた。〉

| *cf.* Father said to me, "Who is going to cook lunch today ?" |

　もうこれ以上，理屈をこねる必要はあるまいと思うが，念のため，あと二つばかり，原文を直接・間接の二つの形で示し，それにたいする訳文を挙げてみることにする。

| 3 ―She said to her mother, "When will my new dress be finished ?"
　　She asked her mother when her new dress would be finished.* |

〈彼女は母親に(私の)新しい服はいつできるのかときいた。〉

| 4 ―He said to us, "Let's have a drive to the lake."*
　　He suggested that we should have a drive to the lake. |

〈彼は私たちに，湖までドライヴしないかと提案した。〉

【§34―直接話法を生かす】　要するに，だから，英語の間接話法を訳す時には，あたかも直接話法を訳しているかのようにアプローチしてみることが有効だということになる（ただし，それなら，英語の直接話法を訳す時には全然問題はないのかというと，これにも実は意外に厄介の生ずる場合も多いのだが，その点は，また次の章にでも考えてみることにしたい）。

　この点を念頭において，次の各例を，それぞれ御自分で工夫して訳してみていただきたい。

| 1 ―She said it wasn't her fault and that she'd done nothing wrong.* |

〈私のせいではない，私は何も悪いことはしていない――彼

女はそう言うのだった。〉

2 —She said that wan't the first time he had lied and that she didn't believe him.*

〈彼女は言った。あの人が嘘をついたのは今度がはじめてではない。あの人の言うことなんか信じません，と。〉

3 —They said they were going for a country walk and asked me if I would like to join them.*

〈彼らは，これから散歩に行くところだが，いっしょに来ないかと私を誘った。〉

4 —Mr. Smith went to the doctor to be examined. The door was opened by the doctor's maid, who asked him to come in. She asked his name, and when he told her that his name was Smith and that he had an appointment previously made with the doctor by telephone, she showed him into the waiting-room and asked him to wait for a moment.*

〈スミスさんは，医者に診てもらいに出かけた。女中がドアをあけ，どうぞお入り下さいと言う。名前をきくので，スミスという者だが，あらかじめ電話で先生にお約束がしてあると話すと，女中は待合室に彼を通して，しばらくお待ち下さいと言った。〉

【§35—混合話法・描出話法】 ところで，今までの訳文をもう一度ふり返ってみると，これはあくまで，直接話法を「生かして」いるのであって，かならずしも直接話法そのものではないことに気がつくのではあるまいか。第一，引用符が使ってないし，それに，例えば「お約束がして__ある__」という表現は，直接話法その

ものなら，むしろ「お約束がして<u>あります</u>」とでもすべきだろう。以上の訳文は，直接話法と間接話法の中間を縫ってゆく，いわば「中間話法」とでも言うべき話法を使っているわけだ。

　こういう表現法は，おそらく『源氏物語』以来，日本語の生理によくマッチした得意のスタイルと言えるのではないかと思う。というのも日本語は，今まで折に触れて何度か言ってきたように，対象をあくまで客観的に捉え，論理的に表現するというよりは，ある具体的な情況によりかかって，コンテキストに支えられた形で物事を表現する傾向がいちじるしいからで，早い話が，すぐ上でやった例文 **4**, "Mr. Smith went..." の訳にしてからが，工夫のポイントは直接に話法の問題そのものであるよりも，むしろ，第Ⅵ章演習(2)「人称代名詞」の **3** の問題などでも見たとおり，情況全体をよくつかんで，それを日本語でどう表現するか，その発想の再構成ということが重要なのだと言えそうである。

　理屈はともかく，要するにこういうわけで，この，いわば「中間話法」とでもいうべき話法は，日本語の基本的性格に深くかかわる問題なのだけれども，しかしそれなら，これは日本語特有の現象であるのかといえば，実は決してそういうわけではない。英語にも，これに非常に近い表現法がある。いわゆる**混合話法 (Mixed Speech)** である (参照，江川『英文法解説』§281 A)。つまり，例えばこういう文章だ。

1—If Shakespeare had never existed, he asked himself, *would the world have differed much from what it is today ?*＊

〈彼は自問してみた——かりにシェイクスピアがいなかったとして，世の中は，今とは大いに変っていただろうか。〉

この文章をよく見ると，イタリックスの部分，本来の間接話法なら，"whether the world would have differed..."とでもなっているべきはずなのに，直接話法的に疑問文の形になっていることがわかる（ただし，時制は過去に一致している）。要するに，間接話法と直接話法の混合したアイノコなのだ。

あるいは——

2—A note came to him saying that his wife was ill, and *would he come at once.**

〈伝言があって，奥さんは病気だ，すぐ帰ってくれないかという。〉

これも，イタリックスの部分は，直接話法が半分まぎれこんでいる。

しかし，これをさらにもう一歩推し進めて，"he **asked himself**"とか，"A note...**saying** that..."とかいう伝達動詞まで姿を消してしまい，一見したところ，地の文と区別のつかなくなっている場合さえある。ただし，完全に客観的な描写ではなく，登場人物が心の中でつぶやいている言葉を，「中間話法」的に表現したものにほかならない。イェスペルセンのいわゆる **描出話法**(**Represented Speech**)である（参照，江川，§281B）。そして実は，この章で今までお話してきた「直接話法的アプローチを生かす」という工夫がいちばん効果を発揮してくれるのは，まさにこのタイプなのである。

例えば——

3—She stared at him in speechless amazement. *How could he come back so soon? Why had he not informed her of his return?* But he was there waiting for her to throw herself into his arms.*

〈彼女は，驚きのあまり口もきけずに彼を見つめた。どうしてこんなに早く帰ってこれたのだろう。なぜ帰ってくると知らせてくれなかったのか。だが彼は，現に今目の前にいて，彼女が腕に身を投げるのを待ちかまえているではないか。〉

4—His wife was not in. She had gone out a quarter of an hour before. *Out at such a time of night, into this terrible fog! What was the meaning of that?**

〈妻は家にいなかった。15分も前に出て行ったという。こんな夜中に，しかもこんなひどい霧の中へ。いったい，どういうことなのだ。〉

5—He heard the noise of the children in the park and envied their freedom; *how he wished he could escape and join in their game!**

〈子供たちが，公園で遊んでいる声が聞こえる。なんて自由なんだろう。子供たちがうらやましかった。自分もこんな所から脱け出して，あの子たちといっしょに遊べたらどんなにいいか。〉

以上の3例，原文と訳文とも十分比較対照していただけるとありがたい。訳文では，原文よりも，もう一歩直接話法に近づけるように工夫してみたつもりである。例えば，5の "he…

envied their freedom" の部分を,「なんて自由なんだろう」としたり,あるいは,"how he wished..." を,まったく直接話法に変えてしまったところなど。このほうが,日本語としては描写に生彩が加わると思うのだけれど,どうだろうか。

ところで以上の例には,どれも疑問符や感嘆符がついていて,「描出話法」だという暗号の役目を果たしていたが,こういう記号さえない場合も珍しくないので,これだけを頼りにするわけにはゆかない。十分注意していないと,うっかり見逃しかねないので御用心。

6 ―Roger begged her to have patience; *somewhere, surely existed the very house they were looking for, and it only needed a little perseverance and they would find it.* ―― Maugham, *The Escape*.

〈ロジャーは彼女に頼んだ。お願いだから,もう少しだけ我慢してくれないか。どこかにきっと,ぼくらの探しているその当の家があるはずだ。もうほんの少しの辛抱で,かならず見つかるにちがいないのだから,と。〉

最後に,少し長目の例をやってみる。どこで直接話法的アプローチが生かせるか,注意して読んでみていただきたい。

7 ―Like many other Englishmen, he was a bad linguist. His French was halting and decidedly British in intonation. Of German and Italian he knew nothing. Up to now, these linguistic disabilities had not worried him. In most hotels on the Continent, he had always found, everyone spoke English, so why worry?*

〈大抵のイギリス人と同じで，彼も語学は苦手だった。フランス語はたどたどしく，英語なまり丸出しだったし，ドイツ語やイタリア語となるとまるで知らない。だが今までは，外国語が苦手だからといって，別に気にしたことはなかった。大陸のホテルでは，ほとんどの場合，誰でも英語が話せたではないか。だから，別に気にする必要などない——そう思っていたのである。〉

お気づきのとおり，いちばん最後の疑問符が描出話法の暗号だったのである。

〈練習問題〉

> The telephone, she said, was the invention of the devil. It permitted people to intrude upon your privacy, to poke into your affairs, to disturb your existence. There was no more reason for people to expect you to answer a telephone call than to expect you to welcome their entering the room while you were in the midst of a bath.*

〔コメント〕

これなど，さっき§35で言った「情況の再構成」という点を，十分に頭に入れて工夫すべきケースではないかと思う。"she said" は最初の文章にしか入っていないけれども，"It permitted people..." 以下もすべて，実は彼女の言ったことの内容で，それを，いわば彼女が，今現に電話の悪口をしゃべっているかのように具体的に捉え，直接話法的発想を十分に生かしてやるとよい。これもさっき触れたけれども，情況自体も演

習(2)の**3**とよく似ているので，ぜひ復習してみていただきたい。

　試訳——〈彼女に言わせれば，電話は悪魔の発明したもので，こんなものがあるばっかりに，他人がズカズカ人の私生活に押し入り，仕事に口ばしを入れ，生活を掻き乱すのだ。電話が鳴ったからといって，相手がかならず答えてくれるなどと考えるのは理不尽もいいところ。お風呂に入っている最中だって，部屋に入ればよろこんで迎えてもらえると思うようなものだ，というのである。〉

　最後の「……というのである」という一句は，直接話法を生かすという点からするとなくてもいいようなもので，いわば妥協の蛇足と言うべきかもしれないが，しかしやはりこれがないと，どうも落ちつかない気がするので，入れてみた。

XIX. 直接話法を掘り起こす─話法(2)

　前の章では，日本語の情況論理的な特性からして，間接話法を訳す場合，「直接話法を生かす」ことがいかに有効かを考えてみたのだけれども，今度はさらに一歩これを推し進めて，「直接話法を掘り起こす」という工夫を検討してみたい。つまり，かならずしも話法(Narration)に関係がない場合でも，あたかも直接話法が用いられているかのように発想を転換してみることで，訳文が生き生きと起きあがってくるというケースである。私自身，翻訳の現場で，この方法が意外に効果を発揮するのをたびたび経験しているので，特に一章をさいて検討しておきたい。
　ともかく，まず実例を見てみよう。

【§36─直接話法を掘り起こす】

> 1─Mr. West was seized by jealousy. He was Julian's father. He ought to come first with him. And yet someone else had managed to take his place. But this was ridiculous too. The boy had had an exciting adventure, a momentary relationship with an apparently attractive exsoldier type who would be a hero to any child.──Paul Gallico, *The Boy Who Invented the Bubble Gun.*

　この例などは，しかし，改めて「掘り起こす」までもなく，前章の最後，§35でやった「描出話法」の応用例と言うべきかもし

れない。つまり，"He was Julian's father..." 以下は，客観的な地の文ではなく，Mr. West の心の中の思いを，一応は地の文の形で述べたものにすぎない。その点を考慮しながら訳してみよう。

〈ウェスト氏は，嫉妬のとりこになってしまった。おれはこの子の父親だ。この子にとって誰よりも大事な人間は，当然このおれでなくてはならないはずだ。ところが，誰かほかの男がおれの場所を占領している。しかし，こんなやきもちをやくというのも，考えてみればおかしなことかもしれない。この子は，胸も躍る冒険を経験したのだ。その兵隊帰りの男と，束の間の友情を結んだのだ。その男，どうやら魅力的な人物らしい。子供なら，そんな男が英雄に見えたとしても不思議はなかろう。〉

2– At last I knew that he was creating something great and I was happy that my confidence in him was finally to be rewarded and that he too would regain his lost hopes, and I was impatient for that moment when we should both have the proof that he was truly an artist.

これなども「描出話法」の応用，ないし展開と考えることができるかもしれない。なるほど "said" とか "answered" とかいう「伝達動詞」は出てこないけれども，"knew" とか "was happy" がその代りをつとめている。それぞれ that 以下の節で述べている内容は，その時「私」の考えたり感じたりしたことを表わしているわけで，特に "I was happy that..." のほうは，

直接話法的発想を掘り起こすことが有効だと思う。

〈ついに私も悟ったのだ。彼は今，なにかすばらしいものを創り出そうとしている。私はうれしかった。今まで彼を信じてきたのも無駄ではなかった。その信頼が，今ようやくにして報われようとしているのだ。そう，そして彼のほうでも，もう一度自信を取りもどすにちがいない。私はじりじりしながら待ちこがれていた。彼が本物の芸術家だという証明を，われわれ二人が共にまのあたりにする瞬間が今にも来る。〉（ちなみに，こうした手法を利用することによって，語順の問題も同時に解決できたわけだ）

> 3—The habitual borrower always asks twice what he expects to get and it only dissatisfies him to give him what he has asked, since then he is vexed with himself for not having asked more. He feels you have cheated him.—— Maugham, *Mirage*.

この例文には，名詞の問題(the habitual borrower——§10,「形容詞＋動作者の表現」参照)や，代名詞の問題(he, you)，それに，表には現われてはいないが，情況の再構成という点で受身を利用できる所などもあって，今まで扱ってきたさまざまの問題の総合応用問題として格好の例だと思うが，直接話法に関していえば，"for not having asked more" の所で掘り起こせるのではないかと思う。

〈始終借金ばかりしている男は，借りようと思う金額の二倍を吹っかけてくるものだ。ところが，頼まれた金額をそっく

り出してやっても，それで満足するどころか，逆に不満に思ってしまう。というのも，言っただけの金が手に入ると，どうしてもっと吹っかけておかなかったのかと，自分に腹を立ててしまうのだ。まるで騙されたような気になってしまうのである。〉

つまり，"for not having asked more" を，"to think, 'Why did I not ask more?'" といった形に読みほどいてやるのである。このほうが，「もっと多くを頼まなかったことにたいして，自分に腹を立てる」といった平板な訳より，訳文がずっといきいきしてくるように思うのだが，どうだろう。

ところで上の訳例には，ほかにも直接話法的発想，ないし，情況論理的発想を持ちこんでみた所がいくつかある。「吹っかけてくる」とか「出してやる」とかいった表現，それに，「頼まれた」とか「騙された」とかいう受身の言い方がそれである。すでに§35でもやや詳しく述べたし，前章の練習問題のコメントでも触れたことだが，大事な問題だからもう一度繰り返しておくと，これはつまり，純粋に客観的な叙述としてではなく，金を借りる側と借りられる側の論理に立って，あたかもそこに二人の人間がいてやり取りをしているかのような，ある具体的な人間関係の情況を想定した叙述の仕方と言えるだろう。そして，少なくとも私自身の経験からするかぎり，日本語には，こういう発想を持ちこむことが性に合っているように思えてならないのである。

【§37—名詞(句・節)に応用してみる】 さて，直接話法的発想を掘り起こすというこの工夫を，さらにもう一歩押しひろげて，一見なんの変哲もない名詞，さらには名詞句や名詞節にまで応用し，意外に効果の挙がるケースがある。

　例えば——

> **1**—Human life consists of a succession of small events, each of which is comparatively unimportant, and yet **the happiness and success** of everyman depend upon **the manner** in which these small events are dealt with.

　この"the happiness and success"をそのまま訳せば，ただ「幸福と成功」という，なんの変哲もないことになる。それでもいいといえばそれまでのことだけれども，これを例えば，「はたして幸福になれるかどうか」といった，疑問詞を使った名詞節のように読みほどいてみてはどうだろう。このほうが，先程から繰り返している「情況論理的発想」に近い表現になると思う。"the manner in which..."も同様に，"how these small events are dealt with"と読みほどいてやってはどうか。これをただ，「……される方法」と訳したのでは，なんだかひどくシラジラしい日本語になってしまいそうである。

　〈人間の生活というものは，ごく瑣細な出来事の連続でできているものであって，その一つ一つは特別重大ではないけれども，幸福になれるかどうか，成功するかしないかは，実はこうした瑣細な事を，どう処理するかによって決まるのである。〉

2―After a holiday from periodical literature, I am always staggered by **the inordinate snobbery** of the English press.

　もちろん，「イギリスの新聞・雑誌の極端な俗物性」でも，格別悪いわけではないかもしれない。けれども，先程の§36の3で，"for not having..." を，"to think, 'Why did I not...'" と読みほどいたのと同様の工夫を持ちこみ，さらに，今やったばかりの，疑問詞を使った名詞節に読みほどくという工夫を加えて，こんなふうに訳してみることもできると思う。

　〈一日，新聞や雑誌を読まないでいると，イギリスのジャーナリズムがいかに俗物根性に毒されているか改めて痛感して，いつもながら愕然とする。〉（ちなみに，"a holiday from..."の部分は，§9B，無生物主語に「動詞を補ってやるべき場合」の応用）

3―The man who feels himself unloved may take various attitudes as a result. He may make desperate efforts to win affection, probably by means of exceptional acts of kindness. In this, however, he is very likely to be unsuccessful, since **the motive of the kindness** is easily perceived by their beneficiaries. The man, therefore, becomes disillusioned by experience of **human ingratitude.**――Bertrand Russell

　これなどは，直接話法を持ちこむという発想は，なかなか思いつかないかもしれない。しかし，太字にした名詞句の部分に持ちこんでみると，意外に効果があるのではないかと思う。

　〈人間は，誰にも愛されていないと思うと，さまざまの態度を取ることがあるものだ。愛情を得ようと，必死の努力を試

みることもある。例えば，度外れに親切な行動を取ってみたりする。しかし，そんなことをしてみても，愛情の得られる見込みはまずあるまい。どんな動機でそんな親切をしているのか，相手にすぐ見すかされてしまうからだ。そこで当の男は，人間がいかに恩知らずかを思い知らされて，幻滅を味わうことになるのである。〉

【§38―直接話法の問題点】　最後に，直接話法を訳す時，意外に手こずる点に簡単に触れておこう。

　今までは，英語の間接話法，あるいは客観的な地の文を訳す場合，日本語の直接話法的発想を生かし，さらには掘り起こす工夫がいかに効果的かを見てきたのだが，前章の§34でもちょっと触れたとおり，直接話法を訳す時にも，実は思わぬ厄介の生じるケースがある。特に，例えば小説の中で会話が続いているような時，英語では原則として，"he said" とか "she replied" とかいった説明がいちいち入る。それもしかも，ある人物の発言の途中に割って入るのが普通である。しかし日本語の文章では，この原文の形をそのまま機械的に踏襲すると，いちいち話の腰を折るようで，流れがたえず中断され，会話の生彩がいちじるしく損われるケースが多い。

　では，どう処理すればいいか。別に原則はないけれども，適当に削るなり，端折るなり，位置を変えるなり，言い換えるなりする必要が往々にしてある。

　あまり適当な例ではないかもしれないが，Dickens の *A*

Christmas Carol の一節を引いてみよう。原文のままに残した所，端折った所，名詞止め，あるいは省略，位置を変えるなど，いろいろの方法を混用してみた。

> "Christmas a humbug, uncle!" said Scrooge's nephew. "You don't mean that, I am sure?"
>
> "I do," said Scrooge. "Merry Christmas! What right have you to be merry? What reason have you to be merry? You're poor enough."
>
> "Come, then," returned the nephew, gaily. "What right have you to be dismal? What reason have you to be morose? You're rich enough."
>
> Scrooge having no better answer ready on the spur of the moment, said, "Bah!" again.
>
> "Don't be cross, uncle!" said the nephew.
>
> "What else can I be," returned the uncle, "when I live in such a world of fools as this?"

〈「クリスマスなんか下らないですって？」甥はさけんだ。

「本気じゃないんでしょ，まさか？」

「本気だとも」とスクルージ。「クリスマスおめでとうだと？ 何の権利があってめでたがるのだ。どんな理由があってめでたがるのだ。貧乏人のくせして」

だが甥は明るく問い返す。「じゃあ，叔父さんは，何の権利があって不機嫌でいるんです？ どんな理由があってふさぎこんでいるんです？ お金持のくせして」

スクルージは，とっさにいい返答が見つからぬまま，ただもう一度くり返した。

「ヘッ！」
「怒らないで下さいよ，叔父さん」
「怒らずにいられるか，こんな阿呆ばかりの世の中に生きていながら」〉

〈練習問題〉

　主として§37，「名詞句への応用」を練習してみる。名詞（3）の章で検討した手法とも大いに関係があるから，できれば，あの章を復習してから訳にとりかかっていただきたい。

> A sense of humour leads you to take pleasure in the discrepancies of human nature; it leads you to mistrust great professions and look for the unworthy motive that they conceal; the disparity between appearance and reality diverts you and you are apt when you cannot find it to create it.—— Maugham, *The Summing Up.*

試訳——〈ユーモアのセンスがあると，人間性がいかにさまざまの矛盾に満ちているものか，おもしろく思えてくる。大上段にかまえた発言にも，何かしらウサンくさいところが感じられてきて，その背後には，実はよからぬ動機が隠れているのではないか，などと探してみたくなったりするのだ。見かけと実体がいかにかけ離れているか，つきせぬ興味がわいてきて，そうしたズレが見つからないと，わざわざ勝手に作り出すことさえしかねない。〉

〔コメント〕

　（1）"A sense of humour"—典型的な「無生物主語」だ。第Ⅲ

章の§9B「動詞を補ってやるべき場合」を参照。

（2）"the discrepancies of human nature"——直接話法的発想を持ちこんで，疑問詞で始まる節に読みほどく。

（3）"professions"——ここでは「職業」という意味ではなく，「断言，公言」の意味だろう。profession＜profess＝lay claim to (quality, feeling), pretend (to be or to do); openly declare (*COD*)

（4）"the unworthy motive..."——これも直接話法的発想を持ちこんで，当人自身の発言のように扱ってみた。

（5）"the disparity..."——（2）と同じ手法。

XX. 演習(5)——話法

　最後の演習として，話法を練習してみよう。要は，本文でも何度も繰り返してきたように，直接話法的発想を生かすことだが，さて実際には，その手加減がなかなかにむつかしい。読者の方々も，ぜひ御自分でペンを取って，納得のゆくまで工夫を重ねてみていただきたい。

　1—He overtook a girl who happened to be travelling by the same road. The girl said that her name was O-Yuki; that she had lately lost both of her parents; and that she was going to Yedo, where she happened to have some poor relations, who might help her to find a situation as servant. —Lafcadio Hearn

　最初は比較的やさしい問題をやってみよう。直接話法を生かすのは簡単だと思う。むしろ問題になるのは，この例の場合など，あまり直接話法に密着しすぎると，物語としての面白味をそこなってしまうかもしれないということである。中間話法的な線でゆくべきではないか。

　訳例①〈A.K.さん〉——〈男は，たまたま同じ街道で(1)旅をしている娘に追いついた。娘は言った。名はお雪と申します。この間両親を失くし，江戸へまいるところでございます。江戸で貧しい親戚が(2)思いがけなく見つかり，女中奉公の(3)世話をし

てくれるかもしれないのです。〉

〔コメント〕

全体として，直接話法を生かすのはいいとしても，少し密着しすぎかもしれないと思う。

（1）「旅をしている娘」——関係代名詞は，やはり，いったん切るなどして，訳しおろしたほうがいいかもしれない。

（2）「思いがけなく見つかり」——これは誤解。「たまたま親戚がいる」の意味。

（3）「世話をしてくれる」——ちょっと誤解を招くおそれがあるかもしれない。やはり「見つける」という意味の言葉を入れたほうがいいだろう。

訳例②（A.K.さん）——〈(1)彼は，偶然自分と同じ道を(2)歩いている娘に追いついた。娘は名をお雪といい，両親をなくしたばかりで，江戸に行くところだという。江戸には遠縁がおり，(3)まかないの口を(4)探してくれるかもしれないという。〉

（さっきのA.K.さんとは別人）

〔コメント〕

さっきよりは，大分間接話法に近い。ほぼ「中間話法」の線に当たるといっていいだろう。このあたりが，この例の場合，ちょうど適当なのではないかと思うが，どうだろう。

（1）「彼」——前後関係がないから，仕方がないといえばそれまでだけれども，訳例①の「男」のほうが，物語としてはやはりいいだろうか。

（2）「歩いている娘」——訳例①と同様，工夫の余地あり。

（3）「まかないの口」――ある意味では，よく考えた熟した訳だが，逆に，やや曖昧さが残るかもしれない。「人に食べさせてもらう状態」，「寄食先」の意味に誤解されるおそれはないか。

（4）「探してくれる」――情況の再構成という点から見ていい工夫だ。

安西試訳――〈男は途中，一人の娘に追いついた。たまたま同じ道を旅していたのである。娘の話すには，名をお雪といい，近ごろ双親に死なれたばかり。これから江戸に行くところで，貧しいながら親戚が江戸にいるから，女中奉公の口でも見つけてくれるかもしれないという。〉

2――I knew he liked to talk to me, but I never thought he looked upon me as anything but a club acquaintance, so I was not a little surprised when one day I received a telegram saying that he was spending his vacation on the Riviera, and would like to stay with me for two or three days on his way to Italy. I wired that I should be glad to see him.――Maugham, *The Happy Couple.*

今度は，さっきよりは大分むつかしいかもしれない。話法の問題もさることながら，情況全体をよくつかんで，十分頭の中を整理してから訳に取りかかる必要がある。

訳例①（M. M. さん）――〈彼が私と話を交すのが好きなのは気づいていた。だが，私のことをクラブの中だけの友人としてしか見ていまいと (1)しか，(2)私は思ってなかった。そういうわけだから，私は少なからぬ (3)驚きようだった。というのは，

ある日，私のところに彼から電報がとどいたのである。休暇をリヴィエラで過ごしており，私も二，三日，彼がイタリアへ出かける途中，(4)ご一緒にお過ごしいただきたいという内容であった。よろこんでご一緒すると，私は返電した。〉

〔コメント〕

（1）「……しか」―「しか」が二度重なるのが気になる。たしかに "never thought ... as anything but" という所，処理のむつかしいことはわかるが，もう少しなんとかスッキリできないだろうか。

（2）「私は」―以下，何度も「私」が繰り返されるが，代名詞の章で強調したとおり，もっと切ったほうがいい。逆に言うと，「私」を表面から隠しても文意に曖昧さが生じないくらいまで，情況をよく咀嚼し，再構成することが必要だろう。

（3）「驚きようだった」―このままだと，「そういうわけだから……驚いた」ということになって，しかしいったい「どういうわけ」なのかわからず，読者のほうがそれこそ驚いてしまうだろう。もっとよく練る必要あり。

（4）「ご一緒に……」―これは内容を取りちがえていると思う。なるほど，前後関係がなくてはわかりにくいかもしれないけれども，しかし原文には "(he) would like to stay with me" とあるのだから，「彼」が「私」の家に泊りたい，と言っているのだということは，やはり十分読み取れるはずだと思う。

訳例②(W. T. さん)――〈私とお喋りするのが彼のお気に入りだということは承知していた。しかし(1)社交会の知りあいぐ

らいにしか見られていないと思っていたのだ。だから，ある日彼から(2)こんな電報をもらった時には，すっかり驚いてしまった。リヴィエラで休暇を(3)楽しんでいます，よかったら，二，三日(4)イタリアで僕といっしょにいませんか。そこで私は(5)こう返事を送った，そちらでお会いできるのを楽しみに，(6)と。〉

〔コメント〕

（１）「社交会」——"a club"の訳としては，やはり不適当だろう——と書いて，念のために研究社の大英和(新版)を見てみると，ちゃんと「社交会」という訳語が出ているので驚いた。しかしやはり，適当な訳とは思えない。第一「社交界」と大いにまぎらわしい。「クラブ」でいいのではないか。

（２）「こんな」——語順の問題を解決しようとしたのはわかるが，「こんな」というような言葉で手の内をさらけ出してしまうのは，やはりいささか口惜しい。ただし，その次の「もらった」という処理はいい。これで，訳例①のように，「私のところに彼から電報がとどいた」という，少々ゴタゴタした代名詞の使い方が避けられる。情況の再構成という点で，なかなか結構。

（３）「楽しんでいます」——直接話法を生かすのは大いに結構だが，これでは密着しすぎるかもしれない。ポイントは，あくまで直接話法を「生かす」のであって，直接話法そのものに変えてしまえというのではない。それに第一，彼の送ってよこしたのは電報である。

（４）「イタリアで……」——これは不注意。原文は "on his way

to Italy" である。

　(5)「こう」―コメントの(2)と同じ。

　(6)「と」―直接話法を生かそうとすると，とかく最後にこの「と」がシッポみたいに残ってしまって，どうにも落ち着かないことが多い。この手法の難点の一つで，できればなしですます工夫をしたい。

　安西試訳――〈彼が好んで私に話しかけることはわかっていたが，せいぜい同じクラブの知りあいくらいにしか見ていないのだろうと思っていた。だからある日，いきなり彼から電報が来た時には，少なからず驚いた。今休暇でリヴィエラにいるが，これからイタリアに行く，途中で二，三日お宅に泊めてもらえないかという。すぐ電報を打ち返して，どうぞと返事をしておいた。〉

3―As an undergraduate, I had sat at the feet of some great dons, and had naturally wished to be like them : and I couldn't, from that angle, have foreseen the horrible drudgery of a don's life――the stacks of essays to be waded through, the committee meetings with boring colleagues, the fresh waves of empty young heads, every October, that have to be filled somehow. ――John Wain, *A Literary Chapter*.

　この問題は，ちょっと難しいかもしれない。まず内容を的確に理解するのに，イギリスの大学について，多少の背景的知識が必要だろう。それから，"the horrible drudgery"から最後まで，名詞句をうまく読みほどき，直接話法を掘り起こす必要が

あると思うが，これもなかなか手ごわい作業だ。

　訳例①(M. N. さん)——〈大学生の頃，ある大物の教授に(1)師事していたことがあり，(2)自然に，あのようになりたいものだと思うようになった。(3)その立場からでは，教授の生活の恐ろしく(4)骨の折れる仕事を，前もって察知することはできなかった。その仕事とは，(5)頭に詰めこまねばならぬ論文の山，退屈な仲間たちとの委員会，毎年(6)10月になると押し寄せてくる新入生の空っぽの頭を，何とかして一杯にしてやらねばならない(7)というような大仕事である。〉

〔コメント〕

（1）「師事していた」——確かに，"sit at someone's feet" には，「～に師事する」という慣用句としての意味はあるが，この場合は，少なくともこれと同時に，文字どおり「足もとにすわる」(教室で)という意味もふくまれているのではないかと思う。というのも，すぐ後に "from that angle" とあるからで，これはやはり，「教壇の下から見上げる」という，具体的な位置関係を頭においた表現ではないかという気がする。

（2）「自然に」——これは「当然のことながら」，「……したのも当然だった」という文修飾の副詞だろう(§18参照)。

（3）「その立場」——いきなりこう出したのでは，「教授の立場」かと誤解されるおそれはないだろうか。

（4）「骨の折れる仕事を」——こういう訳文を読むと，改めて，直接話法を生かすことがいかに効果的か，よくわかる。以下につづく名詞句についても同様。

（5）「頭に……論文の山」——オクスフォードでは(John Wainはオクスフォード出身)，学生は毎週，個人指導の先生(tutor＝don)の所へ"essay"を提出しなければならない。ここで言っているのはこの"essays"のことで，先生が研究のために読む「論文」のことではない。

（6）「10月」——イギリスでは，いうまでもなく新学期は10月。「新入生」とあるから分るようなものの，ちょっと説明を加えたほうが，あるいは読者に親切かもしれない。

（7）「というような……」——この締めくくり方，ちょっとclumsy。はたして必要か？

訳例② (A.K.さん)——〈大学で有名な教授に教えを受けたが，(1)<u>当然のことながら</u>，自分もこの人たちのようになりたいと思った。(2)<u>学生の立場</u>では，教授の生活が (3)<u>どんなにひどく骨の折れる仕事の連続であるか</u>，思いも寄らなかった——やっとの思いで学生のレポートの山を読み終えた (4)<u>かと思うと</u>，教授会でまたうんざりさせられる。毎年十月ともなれば新入生の波が押し寄せ，何も知らないその連中に，ともかく何がしかのことを教えて世に送り出す——これが教授の生活だとは，(5)<u>予想だにしなかったのである。</u>〉

〔コメント〕

なかなかよろしい。あまり文句をつける余地はない。

（1）「当然のことながら」——これで文修飾の機能が出る。

（2）「学生の立場」——これではっきりした。

（3）「どんなにひどく……」——この掘り起こし，結構。以下に

つづく名詞句も，よくこなしている。

（4）「かと思うと」——こういうつなぎの言葉で，「いかにもウンザリ」というニュアンスが出て面白い。

（5）「予想だに……」——この締めくくりも，まずまず。

安西試訳——〈学生時代，偉い先生方を教壇の下から見上げては，あんなふうになれたらと夢想したのも当然だった。教壇のこちらからでは，大学教師の仕事が実はどれほど大変か，予想もできなかったのである。だが実際には，レポートの山は四苦八苦で片づけなければならないし，委員会では退屈きわまる同僚と顔をつきあわせなければならない。それに毎年，十月の新学期ともなれば，頭の空っぽな若者たちが波のように押し寄せてくる。この連中の頭にも，とにかく何かしら詰めこんでやらねばならぬのである。〉

XXI. 強調構文その他──接続詞の問題点もふくめて

　さて、今まで検討してきたことで、翻訳上、問題になりそうな英文法のポイントは、ごく大まかにではあるけれども、一応すべてカヴァーしおえたように思う。このへんで、そろそろ打ち止めということにしてもよさそうである。

　そこでこの章では、いよいよ最後に、「強調」、「省略」、「共通」など、いわゆる特殊構文の問題点、それに接続詞の中で、翻訳上、多少の工夫を必要とするものをいくつか取りあげ、締めくくりということにしたい。

【§39─強調構文】　英文解釈の「公式」からすれば、"It is～that..."という強調の構文を訳す時には、「……は～である」という形にすればいいことになっている。そして実際、ほとんどの場合はこの方式でカタがつくのだけれども、しかし、何とかの一つおぼえで、いつでもこれ一本槍ではいかにも芸がないし、それに語順の関係で、この「公式」ではどうもうまくない場合も往々にして出てくる。そんな時には、多少の工夫が必要であるかもしれない。

　1─**It is** the young man who is not satisfied with what he does, and who is determined to better it every day, **that** wins.

これなど，that 以下をまず訳したのでは，やはりどうにもサマになるまい。

〈今の自分の行動に満足せず，日々その改善を決意している若者<u>こそ</u>が，最後の勝利を得ることができるのである。〉

2—The boy sometimes feels it is childish to obey the rules of the home or the school. He feels that to set them at defiance is manly. On the contrary, **it is** obedience **that** is manly, and disobedience **that** is childish.

〈男の子はよく，家庭や学校の規則に従順に従うなどというのは，いかにも子供じみていると感じるものだ。そんなものは無視し，反抗するのが，一人前の男の印だと考えたがるのである。しかし，実際はまったく逆で，一人前の男にふさわしいのは従順であり，<u>反抗こそ</u>，むしろ子供らしさの表われ<u>にすぎぬ</u>のである。〉

3—The first World War, as far as I remember, made little difference in people's lives. **It was** the second World War, with its ruinous cost, **which** has brought about the momentous changes that affect us all.*

〈第一次大戦は，私の記憶する限り，人々の生活には大して変化は与えなかった。第二次大戦が起こり，破滅的な犠牲をもたらした時，<u>はじめて</u>甚大な変化が生じ，われわれすべてがその影響を受けることになったのである。〉

この訳例を，公式どおり訳した次の例と比較して，どちらが日本語として流れがいいか，改めて検討していただきたい。

〈……われわれすべてに影響を与える甚大な変化をもたらしたのは，破滅的な犠牲をともなった第二次大戦であった。〉

【§40—省略・共通構文】　前に代名詞の扱いを検討した時に，訳文では原則として省略するよう工夫すべきだが，表に出して訳す必要のある場合は，「彼」とか「それ」とかするのではなく，むしろ元の名詞を繰り返すほうが，日本語としては自然なのではないかと書いたことがある（第Ⅴ章§12）。いわゆる省略構文，あるいは共通構文の扱いについても，この原則の後半が適用できるように思う。日本語は繰り返しということを，英語ほど嫌わないのではないかという気がする。

1—Some people find happiness in money, some in fame and some in knowlege.*

日本語でもこの省略を踏襲すれば，次のような訳文になるだろうか。

a—〈ある人々は金に，ある人々は名声に，またある人々は知識に幸福を見出す。〉

しかし，むしろこう繰り返してみてはどうだろう。

b—〈金に幸福を見出す人もあれば，名声に幸福を見出す者もある。だが，知識に幸福を見出す人々もなくはない。〉（Some の扱い方については，述語的に訳すべき形容詞の一つとして，§17 D で検討した）

2—Passions weaken, but habits strengthen **with the age.**

〈情熱は齢とともに衰えるが，習慣は齢とともに強まるものだ。〉

3—In business sharp practice sometimes succeeds, but in art honesty is not only the best but the only **policy**.—— Maugham, *The Razor's Edge*.

〈商売なら，時にインチキが功を奏することもあるが，芸術では，誠実こそ最善の策であるばかりか，実は唯一の策でもある。〉

4—He had the satisfaction, not only **of making** a fortune, but **of feeling** that he had given the world enormous benefits.*

〈彼は，ただ財を成しえたという満足感ばかりではなく，世間にたいして巨大な恩恵を与えたという満足感もおぼえていた。〉

【§41A-Till(Until)】　最後に，訳出上，多少の工夫が必要かもしれない接続詞を，いくつか拾い出して見ておくことにしよう。まず Till と Until。

1—His dance grew wilder and wilder **till** he fell to the ground exhausted.*

いくらかでも翻訳の経験のある人なら，こういう場合，まず"till"以下から訳し始める人はまずあるまい。やはり——

〈彼の踊りはますます激しくなり，ついには疲れきって地面に倒れた。〉

それから，これなども，普通の学習参考書にも「公式」として挙げてある形だが——

2—It was not **until** I finished the work that I noticed the mistake.

〈仕事を終えた後になって，はじめてそのミスに気づいた。〉

この例のように，till, until が強調構文と結びついている時には，どうしてもこの訳し方でないと片がつかない。

以下，類例をいくつかやってみる。

3—When I did not know a thing I was ashamed to confess my ignorance. It was not **till** quite later in life that I discovered how easy it is to say, "I don't know."

〈昔は，何か知らないことがあると，素直に知らないと認めるのが恥かしかった。最近になって，ようやく私にもわかってきたのだ。「知らない」と言うのは，実はごく簡単なことなのである。〉

4—Everybody says that health is better than wealth, and yet we do not fully realize the truth of this saying **until** we actually fall ill.

〈金よりも健康のほうが大事だとは，誰しも言う。しかし，実際に病気になってはじめて，この言葉がいかに正しいか，身にしみて思い知るのだ。〉

【§41 B—Before】 before についても，till (until) とほぼ同様のことが言えるだろう。

1 —There are some people who have to make the same mistake seven times **before** they know they have made it. I am one of them.

〈世の中には，同じ失敗を七回も八回も繰り返して，はじめて失敗をやったと気のつく連中がいるものだ。実は，私もそういう人間の一人である。〉

2 —It was many days **before** the cat allowed me to come near him without bounding away and vanishing.

〈何日もたって，ようやく猫は，私が近づいても，すぐに跳んで逃げて行ってしまうようなことはしなくなった。〉

3 —It is not very long **before** the new American teacher of English arriving in Japan meets his most difficult problem in the classroom : dead silence.

〈アメリカ人の英語教師がはじめて日本にやってくると，遠からず，授業をやってゆく上で最大の難問にぶつかる。学生が押し黙ったまま，全然口をきかないのだ。〉

【§41 C —As】 いわゆる「様態」を表わす as も，ただ機械的に「……のように」では片づかないケースが多い。

1 —Try and see things **as** they are.*

〈物事を，ありのままの姿で(ありのままに)見るようにしなさい。〉

2 —Why do you have to bother me with a thing like that when I am busy enough **as** it is ?

〈うるさいなあ，どうしてそんな話を今もち出さなくちゃいけないんだ。そうでなくても忙しいのに。〉

3—There is a legend, quite without foundation, that I am fond of finding fault with society **as** it is, without having anything better to suggest in its place.

〈世の中には私に関して，まったく事実無根の伝説が流布しているらしい。つまり私は，社会の現状にたいしてアラ探しばかり好んでするが，そのくせ，ではその代りにどうすればいいというのか，代案の持ち合わせは全然ないというのである。〉

4—She realized in a sudden that to him she was just the same **as** she had ever been. He had loved her always **as** she was.

〈彼女は突然さとった。この人の目には，私の姿は昔も今も，少しも変ってはいないのだ。いつも，あるがままの私を愛しつづけてくれていたのだ。〉（§35「描出話法」の好例である）。

【§41 D—Except】　もう一つ，前置詞としての用法もふくめて，except という言葉も，時に訳出上，いささかの工夫を必要とする場合が出てくる。例えば――

1—There was no sound **except** the crunch of our boots on the snow.

これをかりに――

〈雪を踏むブーツのサクサクという音以外は，なんの音もなかった。〉

としたのでは，やはり印象が弱い。

〈なんの音も聞こえない。ただ，雪を踏みくだく長靴の音がするだけ。〉

2―He spoke English very well; **except** for a slight accent you'd never have known that he was a foreigner.

　これなども，もちろん仮定法の問題とも関連するが，後半を，例えば「わずかな訛りを除けば（がなかったら），外国人だとはわからなかったろう」としたのでは，もうひとつピシャリと来ないような気がする。§32でやったように，発想を転換して，こんなふうに訳してみてはどうだろうか。

〈彼は英語が非常にうまかった。ただ，わずかながら訛りがあるので，ようやく外国人だと知れた（やはり外国人であることは隠せなかった）。〉

3―There was a good deal of gossip about them two. They'd been seen a lot together in places in which there was no reason for them to be **except** that they wanted to be together.
――Maugham, *The Happy Couple.*

〈二人のことは，しきりに人の噂にのぼっていた。いろんな所で二人いっしょにいるのをよく見かけるが，そんな所に二人でいなければならぬ理由は少しもない。あるとすれば，ただ二人いっしょにいたいからという以外には考えられない。〉

　いずれも，結局は，本書のそもそもの冒頭，§1で強調した問題にまた帰りつく。「原文の語順，思考の流れを乱すな」――これが大前提である。

〈練習問題〉

When I came to the United States as a lad of six, the most needful lesson for me as a boy was the necessity for thrift. I had been taught in my home across the sea that thrift was one of the fundamentals in a successful life. But we had been in the United States only a few days before the realization came home strongly to my father that he had brought his children to a land of waste.

試訳——〈私がまだ六つでアメリカへ来た時には、子供の私にとっていちばん大切な教訓は、倹約がいかに必要かということだった。海の向うのわが家では、世の中で成功しようと思うなら、倹約こそは絶対に欠かせないと教えこまれていたのである。ところが、アメリカへ着いてほんの二、三日しか経たぬうちに、父はいやというほど思い知らされたのだった。子供たちを連れてきたこの国は、なんと、浪費を美徳とする国ではないか。〉

〔コメント〕

（1）"the necessity of thrift"——第XIX章でやった「直接話法を掘り起こす」という手法、特に§37の「名詞（句・節）に応用してみる」ケースの活用。

（2）"the fundamentals"——名詞の項でしきりに強調した原則、「動詞を使って読みほどく」というやり方を大胆に展開して、「絶対に欠かせない」という文章の形に置きかえてみた。

（3）"in a successful life"——これも同じような工夫で、「世の中で成功しようと思うなら」としてみたのだが。

（4）「二、三日しか経たぬうちに」——もちろん、この章でやっ

た "before" 処理法の応用である。

　（5）"came home"——この "home" は，「ぴしゃりと，思うさま」というほどの意味の副詞。特に "come home to" という句を，*COD* は "become fully realized by" とパラフレーズしている。御存知の読者も多いかとは思うが，念のため。

　（6）"he had brought ... a land of waste"——この一句，ぜひとも語順の大原則に従って，「浪費の国」を最後に持ってきてやりたい。そうでないと，このパラグラフ全体のパンチがなくなってしまう。いわば一種のオチである。

　（7）「浪費を美徳とする国」——ここまで踏みこんで訳す必要はないかもしれない。それに，前後関係を見なければ，ここまで言い切っていいのかどうか，怪しくなくもない。しかし，子供の頃の「教訓」と対比して，思い切ってこう訳したい。

終章——何よりも大切なこと，三つ

　さて，読者の方々とも，これでもう，いよいよお別れしなければならないが，その前に，ぜひともこれだけは言っておきたい大事なことが，三つある。これから，さらに翻訳の勉強をつづけられるにあたって，個々のテクニカルな問題以上に，その大前提として，ぜひとも心に留めておいていただきたいことばかりである。実はこれは，私自身も，いつも改めて思い返して，自分自身に言い聞かせていることでもある。自戒の意味もこめて，その三つの大切なことを最後に書いておきたい。

【§42—英語を知ること】　勿体ぶって，わざわざ何を言い始めるのかと思ったら，なんだ，そんなことか。そんなこと，わかりきったことではないか。そもそも英語を知っているからこそ，翻訳でも始めようかと思ったんじゃないか。それを，今さら何を——読者は，あるいはそう抗議なさるかもしれない。
　もちろんである。いやしくも翻訳を始めようという以上，ある程度，ないしは相当，英語は知っていらっしゃるに相違ない。しかし，英語というのは，実にむつかしいのである。どこまで行っても，これでもう十分ということは絶対にないのである。知らない単語は，いつまでたっても後から後から現われるし，一応は知っているつもりの単語でも，その用法となると，知ら

ない使い方がこれもまた, 後から後から, 際限もなく現われてくる。早い話が, 今やった最後の練習問題の "home" の用法にしてからが, "drive home" (drive a nail home) とか, "go home" (the thrust went home) という連語なら, 今まで何度も出会ったことがあったけれども, "come home to" という形には, 今まで出くわした記憶がなかった。意味の見当はもちろんついたが, 念のために *COD* を見て, "become fully realized by" という意味が, はじめてキッカリ頭に入った。私自身, 正直に言って, また一つ勉強したのである。

　単語の辞書的な意味ならまだしも, ニュアンス, 連想, 語感となると, われわれ外国語として学ぶ者には, いつまでたっても, これでよしという自信など, むしろ持てないのが当然というものかもしれないし, さらにはまた, 風俗, 習慣, 社会制度, 風土, 歴史, あるいは文学その他, 実際, 途方もないほどの知識がなければ, ほんの短い英文の一節だって, 行間を読み, 紙背に徹して読み切ることなどできはしない。しかも, いやしくも翻訳をしようと思えば, ただ上っ面だけ読めたのでは絶対に不十分で, まさしく行間を読み, 紙背に徹して読み抜くことが不可欠なのだ。

　英語はわかっているなどとタカをくくらずに, 生涯, 孜々として勉強をつづけること。これを, まず第一に言っておきたい。

【§43―日本語を習うこと】　またまたバカなことを言う,日本人なら, 日本語ぐらい誰だって知っている, 今さら習う必要などど

こにある——読者は，またそう抗弁なさるだろうか。しかし，ほんのわずかでも，実際にペンを取って翻訳を試みたことのある人なら，そんな抗弁はなさらないにちがいないと思う。

英語が十分わかっていること，これは当然の大前提で，これがなければ，拙訳以前の，欠陥翻訳しかできない。しかしその上で，翻訳の良し悪しを決める何よりのポイントはといえば，やはり，訳者にどれだけゆたかな日本語の力があるかだ。

いくら母国語といったって，生まれながらに言葉を知っている人は一人もいない。みな，生まれ落ちた時から今この瞬間まで，たえず習得を重ねてきた結果である。例えば，歩いたり走ったりするのと同じことだとも言えようか。普通の肉体的な条件に恵まれている人ならば，なるほど，日常生活に必要な程度には，誰でも歩いたり，走ったりすることはできるだろう。けれどもかりに，いやしくも競技にでも出たいと思えば，特別に訓練を重ねなければ話にならない。翻訳をする——つまりは，日本語で文章を書いて世の中に発表するというのは，要するに例えばマラソン競技に出るようなもの。ただ人並みに走れるというだけでは，とても本式のマラソンに出る資格などない。ましてや，いい記録など出せるわけがない。同様に，ただ人並みに日本語ができるだけでは，翻訳を出す資格などない。ましてや，立派な作品が書ける可能性はまったくない。

日常，時々刻々，耳にし，目にする日本語によくよく注意をとぎすませて，自分の日本語をできる限りゆたかにするよう，努力をつづけなければならないし，いわんや文章を書いて人に

読んでもらうとなれば，本当に納得のゆくまで練りあげるよう，不断の勉強が必要だと思う。

【§44―翻訳という仕事を愛すること】 最後に，これもまた，当り前といえばあまりに当り前のことだけれども，あえて書いておきたい。翻訳という仕事を愛すること。

　翻訳というのは，けっして楽な仕事ではない。今も言うように，英語についても並大抵ではない知識を必要とするし，日本語についてもまた，人並み以上の表現力がなければならない。けれども，皮肉なことに，英語がロクにわかっていない段階なら，逆に安易なところで満足もできるだろうが，英語がわかってくればくるほど，安易な翻訳ではとても満足できなくなるし，日本語の感覚がゆたかになればなるほど，自分の文章のまずしさが腹立たしくなってくるものだ。「翻訳者は反逆者」などとよく言うけれども，経験をつみ，多少は事情がわかってくるほど，英語にたいしても，日本語にたいしても，自分がどれほど大きな裏切りを犯しているか，痛切に思い知って，ひどく孤独な気分に落ちこんでしまったりもするのである。

　それに，世間的な評価という点でも（そんなこと，どうでもいいと言えばそれまでだが），訳者はかならずしも正当な評価を与えられてはいない。ある意味では，創作をする人よりも大きな，多面的な能力や努力を必要とするというのに，翻訳者が原作者より褒められる――少なくとも同等の評価を与えられることなど，まずない。というよりむしろ，それが翻訳というものの性

質上、当然であると言うべきかもしれない。原作より翻訳のほうが読者の注意を引いてしまっては、そもそも翻訳としては失敗かもしれぬからだ。

　いずれにしても、世間的に、翻訳者はそれほど高い評価を与えられてはいないし、自然、経済的な報酬の面でも、それほど恵まれていないのが一般と言っていいだろう。

　それでもなお、大きな努力をはらって翻訳の仕事をつづけてゆくためには、結局、翻訳というもの自体にたいする熱い愛がなくてはならない。翻訳という仕事を愛すること——すべてはそこから始まり、そこに終る。翻訳でもやってみようかとか、どうせ翻訳しかできないからといった安易な気持では、それこそ、どうせつまらない翻訳しかできっこない。翻訳を愛すること——しかし、それは結局、もっと大きな愛に根ざしたものと言うべきかもしれない。言葉への愛である。言葉を愛することである。それがアルファで、それがオメガだ。

内容索引

あ—お

As　224
Otherwise　184
Until　222
as...as の構文　133
頭から順に訳しおろす　12
圧縮　57, 185
後から説明をつけ加える　84
Each　120
Except　225
if を使って読みかえる　82
いったん切る　82, 86, 130
意味の宙づり状態　16, 85
受身のままで訳す場合　154, 161, 162, 169
Every　119
every の場所の観点への転換　120
英語を知ること　229
All　117
all の時間観念への転換　119
of＋名詞（主格関係）　24
of＋名詞（目的格関係）　26
欧文直訳調　45, 148

か—こ

核文　34, 35
仮定法　181
仮定法を直説法に置き直す　184
関係代名詞節に仮定法がふくまれている場合　82
間接話法の発想　190
漢文読みくだし調　45
逆行変形　34
強調構文　219
共通構文　221
句の中に文（節）を読み取る　21, 29, 31
継続用法　79
「形容詞＋動作者（名詞）」の表現　47, 202
劇的現在　141
現在完了の代用としての現在形　139
現在形で臨場感を高める　142
限定用法　80
原文を解体する　16, 91
原文を分解する　88
原文の構造の解体　16
原文の思考の流れを乱すな　12, 16, 226
語順の問題　12, 126, 171, 173, 175, 176, 226
混合話法　194

さ—そ

Some　110
Sometimes　111
the＋比較級＋原因をあらわす句（節）　130
再構成　36
最上級　131
時制　137
時制の一致　144
自動詞の受身　152
「主格関係」を表わす所有格　22

主語と動作を入れかえた受動態の
　処理　160, 169
主語に仮定が含まれている場合
　181
主語を表わす所有格　20
受動態　148
述語的に訳すべき形容詞・副詞
　106
受容言語　36
情況論理的発想　61, 194, 203,
　204
省略　63
省略構文　221
叙想法　181
進行形の感情的ニュアンス
　143
進行形の用法　143
接続詞を補った関係代名詞の処理
　80, 87
総称人称　60

たーと

代名詞　59
代名詞の所有格　23
代名詞はできる限り訳文から隠す
　61
他動詞の受身　152
他動詞＋再帰代名詞の訳し方
　69
Till　222
「中間話法」　194, 211
抽象名詞を読みほどく　43
直接話法を生かす　190, 192
直接話法を掘り起こす　200
直接話法の発想　203
直接話法の発想を生かす　75,
　142, 190
直接話法の問題点　206

追叙用法　79
転移　36
転位形容詞　122
転喩　122
動名詞の意味上の主語　24

なーの

nothing　107
日本語を習うこと　230
日本語における受動態の表現
　155
日本語の構造　16
日本語の発想の特質　61, 140,
　194, 206
日本語の表現として自立できる訳
　文　16
日本語の文章体　45, 148
人称代名詞の処理　59
No　106
no more ... than　132
能動で訳す場合　152, 158, 159,
　160, 169

はーほ

have＋目的語＋過去分詞　155
場　61
「は」を活用した受動態の処理
　153, 159, 169
Before　223
比較の表現　126
非限定用法　79, 84
否定のからむ比較表現　131
描出話法　195
表面構造　34, 35
表面の形にこだわらないこと
　134
Few　108
副詞(句)に仮定が含まれている場

合　183
副詞に訳したほうがよい形容詞　116
普通の比較級・最上級　127
文修飾の副詞　111
文章の地色　17
分析　36
文体の問題　17
変形　34, 35
Both　120
法　181
翻訳調のわかりにくさ　16
翻訳調を生かした受動態の訳　156, 162, 170
翻訳のプロセス　35
翻訳を愛すること　232

まーも

Much　109
無色の文体　18
無生物主語　40
無生物主語に動詞が内包されている場合　41
無生物主語に動詞を補う場合　34
無生物主語を副詞節に読みほどく　41, 43
Many　107
名詞どめ　142
名詞(句・節)に直接話法を応用する　204
名詞の複数形の無視　21
名詞を動詞に読みほどく　21
名詞を副詞的に読みほどく　21
「目的格関係」を表わす所有格　25
元の名詞をもう一度繰り返す　63

やーよ

訳文は長くなる　95
様態の as　224

りーれ

Little　109
"redundancy" の問題　96
歴史的現在　141

わ

ones　65
話者の見解を示している副詞　112

新装版 翻訳英文法

著者
安西徹雄（あんざい てつお）
1933年〜2008年。松山市生まれ。上智大学大学院修了。元上智大学名誉教授。著書に『翻訳英文法』（バベル・プレス）、『英語の発想』（講談社現代新書）、『劇場人シェイクスピア』（新潮選書）、『英文読解術』（ちくま新書）、ほか。訳書にチェスタトン『正統とは何か』（春秋社）、サイデンステッカー『東京－下町、山の手』（筑摩文庫）、同『日本との50年戦争』（朝日新聞社）など多数。

発行日	1982年4月30日　初版第1刷
	2004年3月20日　第16刷
	2008年9月21日　新装版第1刷
	2016年4月21日　第5刷

著者————安西徹雄 ⓒTetsuo Anzai, Printed in Japan 1982

発行者————湯浅美代子

発行所————バベルプレス（株式会社バベル）
　　〒180-0003
　　東京都武蔵野市吉祥寺南町2-13-18
　　TEL:0422-24-8935
　　FAX:0422-24-8932
　　E-mail:press@babel.co.jp
　　振替=00110-5-84057

印刷・製本所——大日本法令印刷株式会社

装幀者————横山　勝

カバーイラスト—本木洋子

ISBN978-4-89449-078-9
定価はカバーに表示してあります
落丁・乱丁本はお取り替えします

バベル・プレスの本

──翻訳英文法関連書──

翻訳英文法徹底マスター
安西徹雄著
定価：本体2136円＋税

翻訳英文法トレーニング・マニュアル
安西徹雄著
定価：本体2427円＋税

英日翻訳トレーニングマニュアル2 
安西徹雄監修
片岡しのぶ・金利光著
定価：本体1748円＋税

英日翻訳トレーニングマニュアル1 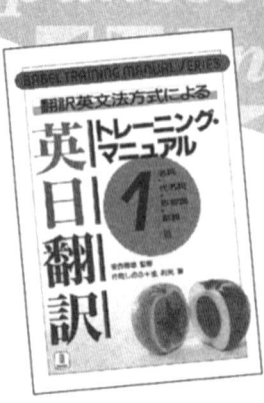
安西徹雄監修
片岡しのぶ・金利光著
定価：本体1942円＋税

バベル・プレスの本は全国の書店で取り扱っております。

バベル・プレス　ネット販売サイト http://www.babel.co.jp/